칵테일의 모든 것

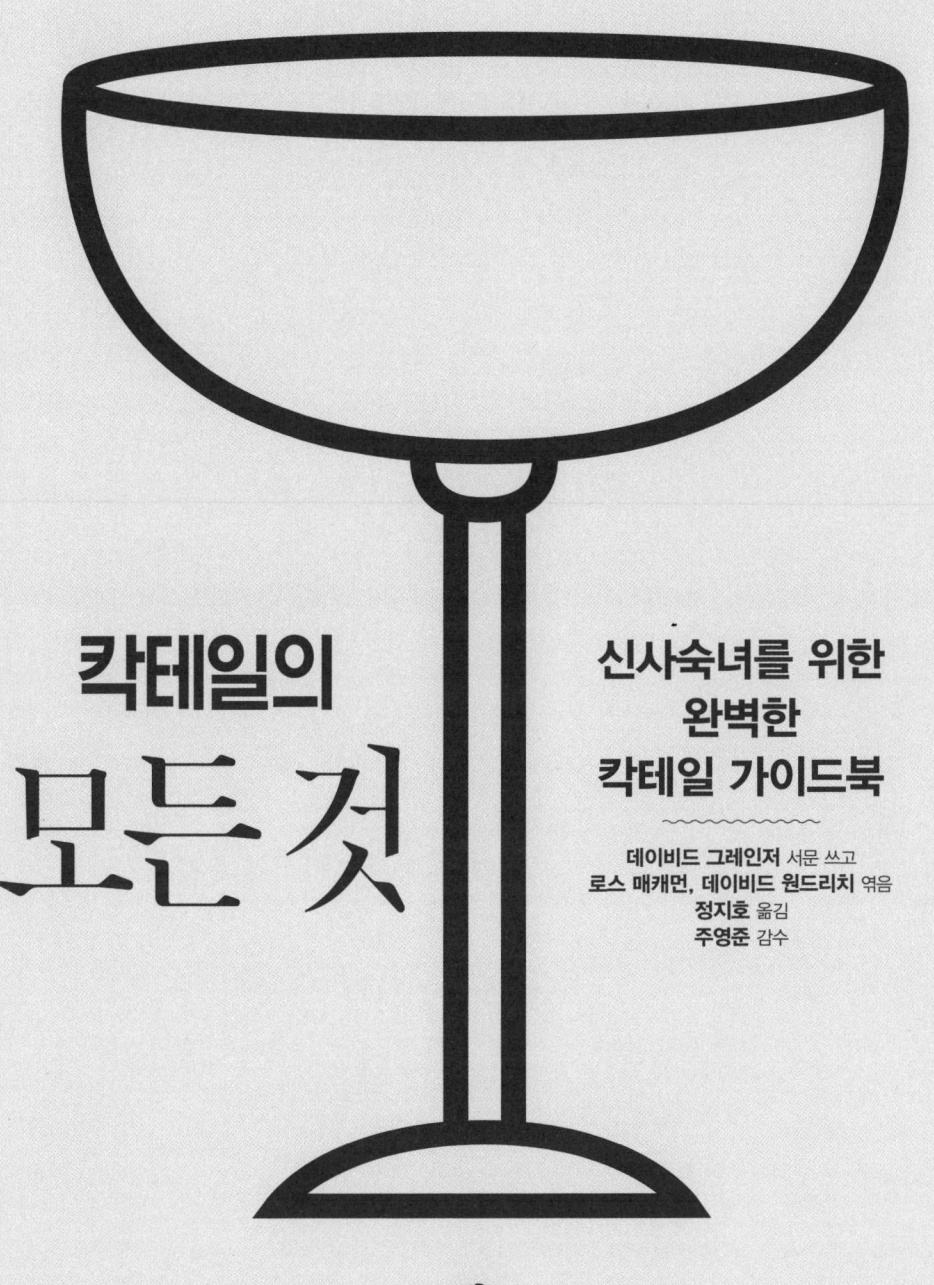

칵테일의 모든 것

신사숙녀를 위한 완벽한 칵테일 가이드북

데이비드 그레인저 서문 쓰고
로스 매캐먼, 데이비드 원드리치 엮음
정지호 옮김
주영준 감수

DRINK LIKE A MAN by Ross McCammon, David Wondrich and David Granger
Copyright ©2016 by Hearst Communications, Inc.

All rights reserved.
First published in English by Chronicle Books LLC, San Francisco, California.
This Korean edition was published by Prunsoop Publishing Co. in 2018 by arrangement with
Chronicle Books LLC, San Francisco, California through KCC(Korea Copyright Center Inc.), Seoul.

이 책은 (주)한국저작권센터(KCC)를 통한 저작권자와의 독점계약으로 (주) 도서출판 푸른숲에서 출간되었습니다.
저작권법에 의해 한국 내에서 보호를 받는 저작물이므로 무단전재와 복제를 금합니다.

일러두기
- 원주와 옮긴이주는 모두 각주로 처리했으며 원주는 *표시로, 옮긴이주는 +표시로 구분했다.
- 각종 음료 이름은 원칙적으로 국립국어원의 외래어 표기법을 따랐으나 일부 브랜드는 고유명대로 표기했다.
- 도량형은 미터법으로 표기했다.

목차

머리말 8

음주의 방법

이 책의 이용 방법 12
실제로 필요한 필수 도구 15
필수적인 기술과 겉보기에는 까다롭지만 매우 배울 가치가 높은 몇 가지 것들 20
7가지 칵테일 만드는 공식 26
젊은 음주인에게 보내는 편지 29
음주의 단계 31

음료 (그리고 간단한 음식)

클래식

성인이면 알아야 하는 14가지 필수 교양 음료

- No.1 올드 패션드 Old Fashioned 38
- No.2 맨해튼 Manhattan 40
- No.3 마티니 Martini 42
- No.4 네그로니 Negroni 44
- No.5 톰 콜린스 Tom Collins 46
- No.6 다이커리 Daiquiri 48
- No.7 마가리타 Margarita 50
- No.8 위스키 사워 Whiskey Sour 52
- No.9 민트 줄렙 Mint Julep 54
- No.10 카이피리냐 Caipirinha 56
- No.11 김렛 Gimlet 58
- No.12 핫 토디 Hot Toddy 60
- No.13 채텀 아틸러리 펀치 Chatham Artillery Punch 62
- No.14 에그노그 Eggnog 64

2 라운드

필수 교양은 아니지만 굉장히 맛있는 칵테일

앨곤퀸 Algonquin **68**
애비에이션 Aviation **71**
블러디 메리 Bloody Mary **72**
불바르디에 Boulevardier **74**
브랜디 알렉산더 Brandy Alexander **74**
브랜디 크러스타 Brandy Crusta **77**
클로버 클럽 Clover Club **78**
다크 앤드 스토미 Dark and Stormy **81**
프렌치 75 French 75 **82**
진 리키 Gin Rickey **85**
그린 스위즐 Green Swizzle **86**
핫 버터드 럼 Hot Buttered Rum **89**
아이리시 커피 Irish Coffee **90**
잭 로즈 Jack Rose **93**
마이타이 Mai Tai **94**
모히토 Mojito **97**
모스코 뮬 Moscow Mule **98**

페구 클럽 Pegu Club **101**
피스코 사워 Pisco Sour **101**
라모스 피즈 Ramos Fizz **102**
렘젠 쿨러 Remsen Cooler **105**
롭 로이 Rob Roy **106**
러스티 네일 Rusty Nail **109**
사제락 Sazerac **112**
사이드카 Sidecar **115**
싱가포르 슬링 Singapore Sling **116**
타이 펀치 Ti' Punch **119**
톰 앤드 제리 Tom and Jerry **120**
베스퍼 Vesper **123**
뷰 카레 Vieux Carre **123**
워드 에이트 쿨러 Ward Eight Cooler **124**
화이트 러시안 White Russian **126**
좀비 Zombie **128**

3 라운드

놀라울 정도로 맛있는 독특하고 창조적인 칵테일

에이스 오브 클럽스 Ace of Clubs **131**
앨리 캣 Alley Cat **132**
아메리카노 Americano **132**
아르마냑 칵테일 Armagnac Cocktail **133**
바티스트 Batiste **135**
더 본 The Bone **135**
보든 체이스 Borden Chase **137**
브레인 더스터 Brain Duster **138**
브라운 더비 Brown Derby **141**
번트 퓨설라지 Burnt Fuselage **141**
카페 칵테일 Café Cocktail **142**
케이프 코더 Cape Codder **145**
시카고 피즈 Chicago Fizz **147**
클로스 콜 Close Call **147**
플로리다 Florida **148**
플로로도라 Florodora **151**
글래스고 Glasgow **155**
집시 Gypsy **157**
허니 비 Honey Bee **159**
디 아이디얼 칵테일 The Ideal Cocktail **159**
주니어 Junior **160**

니커보커 Knickerbocker **163**
매키넌 Mackinnon **164**
메트로폴 Metropole **167**
몬탈반 Montalban **168**
모닝 미스트 Morning Mist **168**
네그란데 Negrande **169**
디 오리지널 진 칵테일 The Original Gin Cocktail **169**
포이츠 드림 Poet's Dream **171**
럼 앤드 코코넛 워터 Rum and Coconut Water **171**
럼 올드 패션드 Rum Old Fashioned **172**
샌 마틴 San Martin **172**
스그로피노 Sgroppino **175**
셰리 코블러 Sherry Cobbler **176**
슬로 진 피즈 Sloe Gin Fizz **179**
스팅어 Stinger **182**

대용량 음료와 펀치

우리에게는 친구가 있으니까

진 데이지 Gin Daisy **185**
맨해튼 클럽 맨해튼 Manhattan Club Manhattan **185**
미켈라다 Michelada **186**
세인트 밸런타인 Saint Valentine **186**
위스키 레모네이드 Whiskey Lemonade **187**
바베이도스 펀치 Barbados Punch **190**
더 비숍 The Bishop **191**
클라레 컵 Claret Cup **193**
더 페이털 볼 The Fatal Bowl **194**
스프레드 이글 펀치 Spread Eagle Punch **196**

간단한 요깃거리, 뭐가 있을까?

칵테일과 곁들여 먹기 좋은 안주

생크림과 캐비아를 곁들인 감자칩 **198**
천일염과 로즈마리를 곁들인 아몬드 **199**
피클과 베이컨을 곁들인 데빌드 에그 **200**
파인애플과 키에우바사로 속을 채워 베이컨으로 싼 할라피뇨 **201**
표고버섯 야키토리 **202**
훈제 등푸른생선 리예트 **203**

찾아보기 **204**

머리말

우리는 술을 마신다. 생각 없이 마시지 않는다. 대개는 마구잡이로 마시지도 않는다. 그러나 마신다. 음주는 일터에서든 사교 공간에서든 〈에스콰이어〉 사람들에게 삶의 일부고, 마치 음주로 인해 두 영역이 발전하는 듯싶다. 우리는 음주에 대한 생각을 많이 하고, 나름의 이론과 확고한 견해를 갖고 있다(다른 것을 일절 넣지 않는 싱글 리커인 니트 리커neat liquor의 '정확한 측정을 통한 따르기'에 대해서는 할 말이 너무 많으니 여기서는 아예 이야기를 꺼내지도 않겠다). 우리가 이 책에서 피력한 견해는 경험을 통해, 그리고 데이브 원드리치로부터 지난 15년여 동안 가르침을 받은 음주 상급자 과정 덕분에 형성되었다고나 할까. 원드리치만큼 음주의 기법과 절차와 세부사항을 꿰뚫고 있는 사람이 과연 또 있을지 모르겠다. 그는 제목 그대로 칵테일에 관한 책 《마시자!Imbibe!》를 써서 미국에서 활동하는 훌륭한 바텐더 대부분에게 그 기술을 가르쳤다. 그는 대단한 식견을 가지고도 결코 가르치려 들지 않는데, 부디 우리도 이런 사람이 되길 바란다. 레시피와 몇몇 기술을 제외하고 이 책에 수록된 대부분의 길잡이는 음주를 통한 보다 나은 삶을 목표로 제시되었다. 당신이 받아들이든 거부하든, 이 길잡이가 우리에게 도움이 되었다는 사실은 알아주길 바란다.

여기서 짚고 넘어갈 점은 이 책이 음주 종합백과사전으로 의도되지 않았다는 것이다. 이 책에는 많은 술이 수록되었지만, 이 밖에도 수천 가지 술이 지금까지 만들어지고 술자리에 제공되었다. 우리는 이 책에서 a)기본적이고 b)중요하며 c)맛이 좋거나 흥미로우며 d)겉만 번지르르하지 않은 칵테일을 선정해 수록했다. 나로서는 이 점이 수긍이 간다. 나는 미국의 대도시 시카고에서 10개월가량 생계를 위해 바에서 일을 했다. 손님에게 무엇을 내놓지 않을 것인가 하는 선택은 실제로 제공하는 술만큼이나 중요했다. 그곳에는 인간이 기대할 만한 거의 모든 것이 갖춰져 있었지만, 믹서기는 없었다. 생맥주도 없었다(크래프트 맥주 혁명이 일어나기 훨씬 전이었고 좋은 맥주는 병으로만 접할 수 있었다). 말리브 럼도 제공하지 않았다. 그럴 만한 장소가 아니었다. 이 책에도 말리브 럼은 등장하지 않는다.

〈에스콰이어〉에서 펴낸 《칵테일의 모든 것》으로 당신의 음주 생활이 향상되길 바란다. 그리고 술잔을 든 사람은 결코 혼자가 아니라는 깨달음에서 우리는 용기를 얻는다.

데이비드 그레인저

음주의 방법

이 책의 이용 방법

데이비드 원드리치

남자처럼 마시라.[+] 우선 여기서 '남자'는 성별에 관계없이 이런 사람을 말한다. 드라이 진 마티니에 올리브 꼬치를 넣어 마셔도 괜찮은 사람, 생위스키를 이따금 홀짝이는 사람, 좋은 IPA를 음미하지만 가끔 선택의 여지가 없으면 하이 라이프 High Life[++]도 들이키는 사람, 와인은 고급 음식과만 어울린다고 생각하는 사람, 핑크 칵테일이나 가는 다리의 유리잔을 일종의 성정체성(또는 그 점에 관해서는 성적연대라고도 할 수 있음)을 판별하는 수단으로 여기지 않는 사람이다. 즉, 어른답게 마시는 사람이다.

우리도 맥주와 와인을 무척 좋아하지만 이 책은 대부분 칵테일(그리고 사워, 펀치, 피즈, 슬링, 노그……)을 다룬다. 그 이유는 믹스를 잘하는 방법을 배우는 일이 병을 따서 음료를 잔에 따르는 것보다 다소 품이 들고, 우리는 그런 작업이 확실히 해볼 만한 가치가 있다고 생각하기 때문이다. 왜냐고? 세상에 넘쳐나는 유행하는 칵테일을 둘러싼 난리법석에 휩쓸리지 않고, 또한 이것도 수작업이라 일단 그 기술을 숙달하고 나면 더 나은, 자족적인 사람으로 만들어주기 때문이다.

그러나 사실 음료를 훌륭하게 믹스하는

[+] 원제 Drink Like A Man.
[++] 밀러 사의 라거 맥주.

게 재미있고 쉬우며—그렇다고 아주 쉽진 않다—친구들이 좋아할 것이라는 점만으로도 충분한 이유가 된다. 그리고 당신에게 쏟아진 업무를 처리하고 긴 하루의 끝자락에 갓 저어 만든 완벽한 사제락을 앞에 두고 자리에 앉는 중이라면, 이제 그 모든 것을 훌훌 털어버릴 시간을 갖게 된다.

우리는 이 책에서 필요한 도구와 사용방법, 꼭 구비해야 할 몇몇 필수적인 믹서 등 기초 지식을 제공하려고 했다. 여기서 다루는 칵테일들에 필요한 모든 스피릿을 소개하는 데 많은 분량을 할애하진 못했다. 경험상, 독자에게 충분히 도움이 될 만큼 자세한 내용을 수록하려면 이런 분량의 책에서 허용되는 이상으로 훨씬 많은 지면이 필요하다.

브랜드가 중요한 부분에서는 일일이 브랜드를 특정했지만 그렇지 않을 경우에는 우리 방식을 따르기를 권장한다. 기존의 전통적인 브랜드로 시작해서 레시피를 익힌 다음, 다른 제품으로 대체했을 때 어떻게 다른지 알아보도록 한다.

이 책의 구성에도 동일한 원리가 적용된다. 요즘 인기를 끌고 있는 대부분의 혼합 주류('7가지 칵테일 만드는 공식.' 물론, 그중 일부는 칵테일이 아니지만 트집 잡지는 말자)의 뒤에 깔린 DNA를 한눈에 살펴본 후, 소위 클래식 칵테일이라 불리는 것부터 시작하는데 여기에 실린 14가지 칵테일은 정말 기본 중의 기본이라 완전히 꿰뚫고 있어야 한다. 14가지 전부가 아니라 관심 있는 칵테일에 한해 그러라는 뜻이다. 만약 당신이 올드 패션드를 마신다면 레시피를 참고하지 않아도 척척 만드는 방법을 알고 있어야 한다. 마티니, 맨해튼, 다이커리 같은 칵테일도 마찬가지다. 이 칵테일 리스트가 딱히 놀라울 건 없다. 아, 그렇지. 하나는 깜짝 놀랄 만한데 바로 채텀 아틸러리 펀치다. 가장 멋들어진 대형 용기 음료로, 이 칵테일을 내놓으면 친구들이 당신을 존경을 넘어 경외의 눈길로 바라볼 것이다.

일단 기본을 습득하면 2라운드에 들어가는데, 앞서 익힌 제조 공식과 기술을 응용한 33가지 레시피를 알려준다. 그 칵테일들이 하나같이 맛있다는 사실 외에 따로 선정에 작용한 기준은 전혀 없다. 3라운드의 36가지 칵테일 선정도 마찬가지다. 그 칵테일들은 대부분 기본적인 칵테일이 아니며 어떤 것들은 완전히 이상하기까지 하지만 모두 맛있고, 칵테일 레퍼토리에 그런 특색 있는 것을 갖추면 활력소가 되어 좋다.

당신에게도 친구들이 있고 친구들 또한 술을 좋아할 테니 칵테일을 다룬 마지막 장에서는 5가지 대용량 칵테일과 5가지 믿고 마실 수 있는(기본에서 지나치게 벗어나지 않은) 펀치 레시피를 소개했다. 여기에 우리가 가장 좋아하는 술에 곁들이는 6가지의 요깃거리 레피시와, 〈에스콰이어〉 작가와 편집자들이 몸소 숙취로 체득한 음주에 관한 조언을 더하면 《칵테일의 모든 것〉이 완성된다.

끝으로 이 음료들에 대해 하나 더 말하자면, 이 책에 수록된 레시피는 〈에스콰이어〉에서 가져왔다. 일부는 1930년대까지 거슬러 올라갈 정도로 오래되었는데, 이 시기 〈에스콰이어〉는 금주법 폐지 이후 지적인 음주를 되살리는 데 선구자 역할을 했다. 또 일부는 10년 정도밖에 안 된 새로운 것으로, 〈에스콰이어〉가 슬로 컴포터블 스크루 업 어게인스트 더 월Slow Comfortable Screw Up Against the Wall+

시대 이후 레시피 정립을 위해 노력했던 시기의 산물이다. 모든 레시피는 우리가 직접 만들어본 것들이지만 우리 마음에 든다고 당신도 반드시 좋아하리란 법은 없다. 그럴 땐 두려워하지 말고 양을 조절하고 브랜드를 바꾸고 자유자재로 시도해보라. 음료를 마실 사람은 결국 당신이다. 괜찮은 결과물이 나오면 우리에게도 알려주길 바란다.

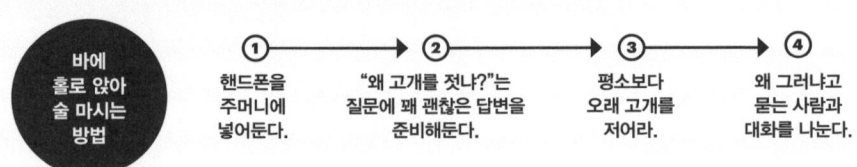

바에 홀로 앉아 술 마시는 방법

① 핸드폰을 주머니에 넣어둔다.
② "왜 고개를 젓냐?"는 질문에 꽤 괜찮은 답변을 준비해둔다.
③ 평소보다 오래 고개를 저어라.
④ 왜 그러냐고 묻는 사람과 대화를 나눈다.

+ 슬로 진과 서던 컴포트, 오렌지주스, 보드카, 갈리아노를 섞어 만든 칵테일.

실제로
필요한
필수

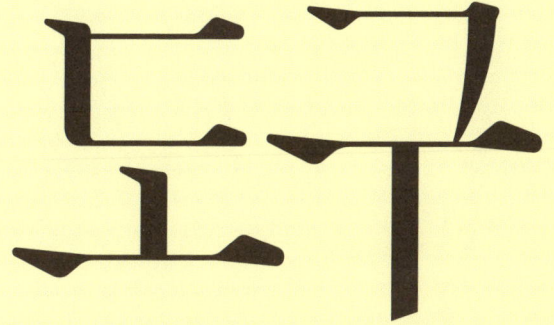

자르는
용도

우리가 알고 있는 바ᵇᵃʳ **도구의 세계는**
기하급수적으로 팽창하고 있어 집과
차고, 사무실, 창고에다 부모님 집
지하실까지 기발한 신형 믹싱 글라스와
스푼, 아이스 크래커, 샷 레이어드 기구
등으로 꽉 차기 십상이다. 다행히 이런
물건들의 대다수가 고작 하마의 날개만큼
유용할 뿐이다. 여기에 정말 필요한
도구를 소개한다.

작고 날카로운 나이프라면 물론
어느 것이든 괜찮지만, 호사를
부리고 싶을 경우 시트러스용
가니시+ 나이프로 R. 머피
나이브스(rmurphy knives.
com)의 잭슨 캐넌 바 나이프
Jackson Cannon bar knife만 한 게
없다. 예를 들어 네그로니에 쓸
용도로 오렌지를 휠 형태로 잘라
홈을 내는 등 정교한 작업을 할
때 칼끝을 자유자재로 움직일 수
있고, 과일을 잘라내는 작업에서
칼날이 과육을 통과할 때도
과일이 쉽게 움직이지 않는다.

+ 장식 가니시.

얼음을 깨는 용도

민트 줄렙을 만들 경우—한번 민트 줄렙을 제대로 만들어보면 계속 만들게 될 것이다—얼음을 거의 가루가 될 때까지 잘게 부술 필요가 있다. 가장 좋은 방법은 각얼음을 캔버스천 주머니(요즘 '루이스 백 Lewis Bag'이라는 이름으로 판매되지만 은행에서 사용하는 동전 주머니를 구할 수 있다면 그게 더 크고 저렴하다)에 넣고 입구를 묶은 다음, 목공용 망치나 큰 나무망치로 주머니를 사정없이 내려치는 것이다. 주머니가 수분을 흡수해서 잘게 부서진 마른 얼음조각만 남게 된다. 이런 도구들을 손쉽게 구할 수 없다면 얼음을 키친타월이나 튼튼하고 깨끗한 천에 싸서 주변에 있는 아무 도구로 친다. 물론 냉동고에서 만들어진 잘게 부서진 얼음을 사용해도 되지만 손으로 깬 것만큼 잘진 않다.

즙을 내는 용도

셰프앤프레시포스Chef'n FreshForce의 시트러스 착즙기는 빠르고 내구성이 좋으며 기어 작동 덕분에 다른 수동 착즙기보다 많은 즙을 짜낸다. 대용량 펀치를 만들 일이 많다면 스탠드형 착즙기가 편할 수 있다. 기어로 작동하는 제품이 아니라 그냥 레버를 올리고 내리면 되는 기기가 좋다. 이런 용도의 제품으로는 멕시코의 라 찬드Ra Chand에서 만드는 부가티Bugatti 가 있다.

계량하는 용도

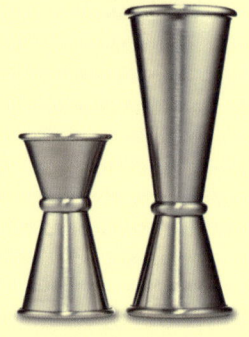

대부분의 칵테일 계량컵과 달리, 우리가 가장 좋아하는 칵테일 킹덤Cocktail Kingdom(대표적인 고급 바 도구 생산업체. cocktailkingdom.com)의 두 가지 제품은 눈금이 정밀하고 튼튼하다. 4학년 때 배운 비율 정도만 기억한다면 60ml:30ml 계량기와 22ml:15ml 계량기로 실제로 필요한 어떤 양이든 잴 수 있다.

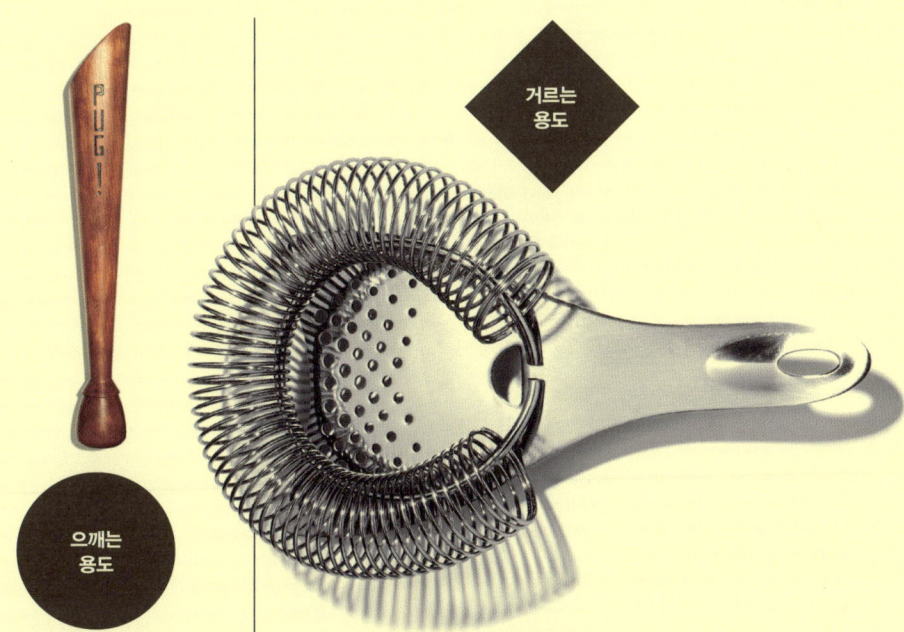

거르는 용도

으깨는 용도

펀치를 만드는 용도

단단한 목재를 손으로 깎아 만든 크리스 갤러거Chris Gallagher 사의 퍼그PUG! 머들러는 10년 동안 실력 있는 바텐더가 선택한 제품이었다. 그중에서도 우리는 벚나무 머들러를 선호한다. 다른 좋은 머들러도 많기 하다. 대체로 우리는 플라스틱보다 목재를 좋아하지만 목재는 반드시 니스칠이 안 되어 있고 튼튼하고 묵직해야 한다. 머들러가 커다랄 필요는 없지만 그렇다고 너무 작아도 안 된다. 머들러의 바닥이 납작해야 글라스 가장자리에 내용물이 으깨지지 않은 채 남는 일이 없다.

믹싱 글라스에는 스트레이너가 필요하다. 칵테일 킹덤의 줄렙 스트레이너는 저어 만드는 음료인 스터드 드링크stirred drink와 믹싱 글라스에 전통적으로 사용되는 종류로, 금주법 시대 전에 일반적으로 사용되던 것들을 흡사하게 모방했다. 흔들어 만드는 음료인 셰이큰 칵테일shaken cocktail에는 호손Hawthorne 스트레이너가 필요하다. 마스터 바텐더인 토니 아부-가님이 디자인한 모던 믹솔로지스트Modern Mixologist 제품의 가격은 놀라울 정도로 합리적이고, 음료의 마법사 돈 리가 디자인한 칵테일 킹덤의 코리코Koriko 버전 역시 구입할 만하다. 일반적으로 용수철이 딴딴하게 감긴 견고한 스트레이너가 좋다.

불이 필요하다. 4~6인분 음료를 준비한다면 3.8리터는 되어야 하고, 10~12인분이면 7.6리터, 그 이상이면 19리터 용량의 그릇이어야 한다. 화려한 고급 용기일 필요는 없지만 플라스틱은 아무래도 너무 초라해 보인다. 국자도 필요하다. 당연히 은제품이 가장 좋고 플라스틱은 피해야 한다. 유리 제품도 좋지만 조심해서 다루자.

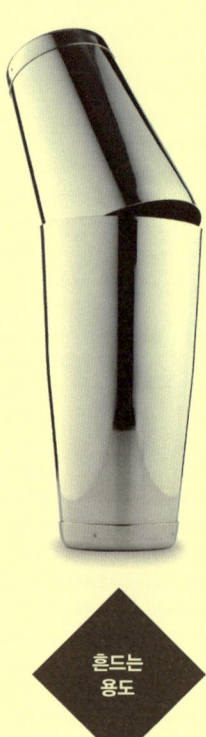

흔드는
용도

젓는
용도

많은 현대식 바텐더는 스터드 칵테일을 만들 때 구식 파인트 글라스 대신 일본식 믹싱 글라스를 사용한다. 이 잔은 단단하고 바닥이 넓으며 음료를 따르기 편하도록 주둥이가 튀어나온 형태다. 넓은 바닥 덕분에 스푼으로 잔 바깥쪽으로 얼음을 휘젓기가 좀 더 수월하고, 주둥이 덕분에 액체 내용물이 글라스 밖으로 흘러내리지 않는다. 우리는 칵테일 킹덤의 이음매 없는 아사노하Asanoha를 선호하지만 그보다 싼 야라이Yarai도 좋다. 바스푼도 필요한데, 긴 손잡이에 작은 머리가 달린 단단한 스푼이다. 모던 믹솔로지스트의 클래식 버전이 기능도 뛰어나고 균형도 잘 잡혀 있으며 적당히 길어서 얼마간 힘도 받는다.

셰이큰 칵테일을 만드는 도구는 세 가지 중 선택할 수 있다. 먼저, 스리피스 셰이커. 뚜껑이 있는 금속 통으로, 작은 뚜껑이 달린 스트레이너가 내장되어 있다. 다음과 같은 이유로 이런 스트레이너는 추천하지 않는다. 스트레이너가 작아 얼음으로 구멍이 막히기 십상이고 작은 뚜껑은 잘 잃어버리며 간혹 얼음의 냉기로 인해 용기 안이 진공 상태가 되어 아예 용기 전체가 열리지 않을 수 있다. 또 다른 선택지로는 대부분의 바텐더가 사용하는 유서 깊은 '보스턴' 스타일 셰이커가 있다. 몇 년 전까지 이 셰이커는 1파인트 글라스[473ml] 위쪽에 스테인리스 스틸 재질의 믹싱 틴을 끼워넣는 형태였지만, 요즘 대부분의 바텐더는 유리잔 대신 그보다 작은 금속 틴을 쓴다. 이것이 더 싸고 효율적이며 간단하다. 마지막으로, 최고의 셰이커이자 업계 표준인 일본의 코리코 틴(소형 및 대형)으로, 칵테일 킹덤에서 구입할 수 있다. 작은 틴 안에 음료를 따르고 얼음을 넣은 다음 큰 틴을 거꾸로 덮어 끼우고 흔든다. 보스턴 셰이커와 코리코 틴의 경우 호손 스트레이너—용수철이 감겨 있는 종류—를 따로 구비해야 한다(추천 제품은 17쪽 거르는 용도 참조).

없어선 안 될
식재료

항상 구비해두어야 할 보존식품
간단 목록

카엔 페퍼+
가장 저평가된
칵테일 가니시.

데 메 라 라 Demerara 설탕++
백설탕보다 더 맛이 좋고
풍부하다.

룩사르도의 마라스키노 체리
Luxardo Cherries
음료에 넣는
체리 중 최고.

심 플 시 럽
22쪽 단맛 내기
참조.

통 육두구
육두구는 럼이나 브랜디 음료에 갓 갈아서 뿌리면
훌륭한 장식 효과를 내며, 올드 스쿨 펀치에 없어선 안 될 재료다.
물론 육두구를 갈기 위해서는 강판이 필요하며
가정용품 코너에 가면 구할 수 있다(진짜로 괜찮은 강판이 없을 경우,
마이크로플레인Microplane 스타일만 아니라면 무엇이든
마음에 드는 것을 사라고 권하겠다.
마이크로플레인 스타일은 목질의 육두구를
수많은 자잘한 면도날 파편으로 만들어버려 뱃속으로
들여보내기가 싫어진다). 갈아서 판매하는 육두구를
사용할 생각이라면 차라리 돈을 더 아껴라.
차고 구석에서 먼지를 한두 숟가락 긁어내보라.
똑같은 맛이 난다.

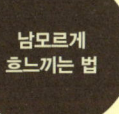

**남모르게
흐느끼는 법**

① 마티니를 주문한다.

② 베르무트+++에
알레르기가 있는데
깜박했다고 말한다.
"빌어먹을 베르무트."

③ 운다.

◆ 또는 ◆

① 마티니를 주문한다.

② 얼굴에
마티니를 흘려
진으로 눈물이
가려지도록 한다.

③ 운다.

◆ 또는 ◆

① 마티니를 주문한다.

② 태블릿 컴퓨터를
얼굴에
바짝 갖다댄다.
"이메일 확인."

③ 운다.

+ 칠리를 건조시킨 후 빻은 가루.　　++ 사탕수수를 부분적으로 정제한 황색 조당.
+++ 화이트 와인에 50여 가지의 향료를 우려서 만든 리큐어.

필수적인 기술과

겉보기에는 까다롭지만 매우 배울 가치가 높은

몇 가지 것들

칵테일을 아무리 좋아해도, 믹싱 방법을 배우지 않고도 행복하게 오래오래 살 수 있다. 그래서 신이 우리에게 바텐더를 보내준 거니까. 그러나 자신만의 칵테일을 믹스하고 싶다면 무작정 시도하고서 괜찮은 결과물이 나오길 바라느니 차라리 잘 만드는 법을 배우는 게 낫다.

다행히도 칵테일 믹싱 기술은 쉽다. 최고의 바텐더가 대단한 이유는 그들이 음료 믹스를 잘해서가 아니라 사람들을 섞는 일, 즉 손님을 다루는 일 등에 능숙하기 때문이다. 하지만 당신이 그 점을 걱정할 필요는 없으며, 다음 기본 법칙을 따라 몇 가지 칵테일을 만들고 나면 음료 믹싱도 걱정할 필요가 없을 것이다.

얼음 준비하기

스터드 칵테일은 먼저 얼음부터 깨면 훨씬 차갑게 즐길 수 있다 (셰이큰 음료는 얼음이 저절로 깨진다). 한두 잔일 경우 왼손으로 한 번에 각얼음 한 개씩 컵에 넣어가며 손잡이가 긴 바스푼의 머리 부분 또는 이 책에 등장하는 또 다른 바 도구인 유연한 얼음 태퍼로 날카롭게 내리친다. 많은 양의 얼음을 깨야 하거나, 좀 더 잘게 깬 얼음이 필요한 칵테일을 만들거나 그런 얼음을 원하는 사람이 있을 경우에는 각얼음을 루이스 백(16쪽 얼음을 깨는 용도 참조)에 넣고 나무망치나 프라이팬, 납작한 돌 등으로 사정없이 내리친다.

장시간 테이블에 내놓을 대용량 펀치를 만들 계획이라면 큰 얼음덩이가 필요하다. 이런 얼음을 얻는 가장 좋은 방법은 돈을 주고 사는 것이다. 많은 제빙 회사가 다양한 크기의 얼음을 판매한다. 그럴 만한 상황은 안 되는데 가령 19리터 정도나 그 미만의 펀치를 만든다면 볼에 물을 채워 냉동실에 48시간 동안 넣어두면 얼음덩이를 만들 수 있다. 스테인리스 스틸 볼이 가장 좋지만 아니어도 괜찮다. 펀치 3.8리터에 들어갈 얼음을 만들기 위해서는 960밀리리터짜리 볼이 필요하고 펀치 19리터용으로는 3.8리터짜리 볼이 필요하다. 볼에서 얼음을 꺼낼 때는 수도꼭지 아래 볼을 거꾸로 들고서 손가락으로 볼 가장자리를 감싸고 뜨거운 물을 튼다. 그러면 얼음이 손안으로 떨어진다.

칵테일 같은 스트레이트 업+
음료는 냉각된 잔에 따르면 상당히 오랫동안 차게 유지된다. 그냥 잔을 냉동실에 5분 정도 (잔 두께가 얇을수록 더 빨리 냉각된다) 넣어두면 된다. 상황이 여의치 않다면 잔에 부순 얼음을 채워 몇 분 동안 내버려둔다. 반대로, 뜨거운 음료라면 머그잔을 덥힐 필요가 있다. 머그잔에 2.5~5센티미터의 끓는 물을 붓고 잔이 데워지는 게 느껴질 때까지 휘휘 돌려준 다음 물을 버린다. 그러고서 되도록 빨리 머그잔에 음료를 채운다.

잔 테두리에 설탕이나 소금을 입히는 것은 일부 칵테일에서는 핵심적인 요소다. 트위스트와 마찬가지로 음료의 기본적인 요소이자 가니시로서의 역할을 모두 해준다. 다행히 이런 장식은 빨리, 쉽게 할 수 있다. 레몬이나 라임 휠을 12밀리미터 두께로 자른 다음 ¼ 등분한다. 그 ¼ 등분의 껍질 쪽을 잡고 삼각형의 과즙이 나오는 면을 잔 테두리 바깥쪽에 대고 쭉 돌리며 과즙을 묻혀준다. 잔 입구 둘레를 따라서 12밀리미터 폭의 과즙 줄이 생겨야 한다. 그런 다음 잔을 옆으로 눕혀 들고 설탕이나 소금을 담은 접시에 과즙 줄이 닿게 천천히 돌린다. 잔을 냉동실에 넣어 냉각시킨다. 완성이다. (손님이 프로스팅을 입히지 않은 잔을 원할 경우를 대비해 어떤 바텐더는 잔 테두리의 반만 프로스팅을 입히곤 한다. 그렇게 해도 되고, 아니면 상대방에게 물어봐도 된다.)

우리는 양을 확인하려면 자세히 들여다봐야 하는 옆면이 비스듬한 계량컵보다 진짜 지거++를 선호한다. 지거를 올바르게 사용하기 위해서는 두 가지를 지켜야 한다. 첫째, 각 지거의 용량을 기억해둔다. 1분이면 충분하다. 둘째, 필요한 양이 정확히 들어가는 지거를 사용해서 입구까지 꽉 채운다. 그러고서 내용물을 잔에 붓고 다음 순서를 진행한다. 간단하다.

으깨는 작업은 쉽고 직관적이다. 머들러의 평평한 끝을 잔 안에 넣고 누르기만 하면 된다. 머들러 없이 으깰 수 있는 재료도 있다. 오렌지 조각, 라즈베리, 블랙베리를 비롯한 부드러운 과일은 잔에 각얼음을 넣고 격렬하게 흔들기만 해도 충분히 으깨지는 경우가 많다.

+ 얼음을 채우지 않은 잔에 그대로 따라 마시는 스타일의 음료.
++ 칵테일용 술을 계량하는 데 쓰는 작은 컵.

단맛 내기

바텐더들은 흔히 단맛을 내기 위해 음료에 '심플 시럽' 또는 '리치 심플 시럽'으로 알려진 설탕시럽을 넣는다.

심플 시럽은 작은 소스팬에 물 1컵[240ml]과 과립 설탕 1컵[200g]을 넣고 중약불에 녹인 다음 식혀 만든다. 다 식으면 뚜껑이 꼭 닫히는 유리병에 옮겨 담고 냉장고에서 최대 1주일까지 보관한다. 리치 심플 시럽은 물 1컵[240ml]에 설탕 2컵[400g]을 녹인다. 이 시럽을 '얼음 사탕 시럽'으로 만들려면 시럽이 식을 때 바닐라 익스트랙트를 1작은술 넣고 젓는다.

심플 시럽의 변형은 무수히 많다. 우리가 좋아하는 것은 데메라라 설탕으로 만든 리치 심플 시럽으로, 이 설탕을 넣으면 사탕수수의 좋은 풍미가 나는 시럽이 만들어진다.

그러나 주목할 점은 예전에는 가장 노련한 바텐더들 중 상당수가 사워와 기타 시트러스 음료를 만들 때 시럽을 넣기보다는, 감귤류 즙에 과립 설탕을 바로 넣은 다음 다른 재료를 추가하는 방법을 선호했다는 것이다. 우리 경험상 이렇게 하면 좀 더 산뜻한 맛이 나는 음료가 만들어진다.

흔들기

두 개의 틴 중 작은 쪽에 재료를 계량해서 넣는다. 여기에 얼음을 추가해 틴을 채운다. 틴을 단단한 표면에 놓고 큰 틴을 뒤집어 덮는다.

큰 틴의 바닥을 두드려서 확실히 끼워지도록 한다. 조립된 두 틴을 잡고 뒤집어 큰 틴이 아래로 가도록 한다. 왼손으로 큰 틴을 잡고 오른손으로는 두 틴이 연결된 부분을 감싸쥐면서 엄지손가락을 작은 틴 바닥에 둔다. 이렇게 하면 뜻하지 않게 틴이 날아가는 걸 막을 수 있다.

이제 앞뒤 또는 수직축을 따라 위아래로 흔들어준다. 크래프트 칵테일 바에서 온갖 방향으로 흔드는 바텐더 동작을 흉내내진 말 것. 똑바로 10초 동안 열심히 흔들면 된다.

이제 큰 틴이 아래로 오게 들고 셰이커를 여는데, 엄지손가락으로 작은 틴을 옆으로 밀어주기만 하면 된다. 그렇게 하면 그 안에 만들어진 진공 상태가 깨진다. 그다음 셰이커에 호손 스트레이너를 끼우고 따른다.

스터 (또는 잘 젓는 법)

믹싱 글라스에 재료를 넣고 바스푼을 든다. 스푼의 긴 손잡이를 엄지손가락과 집게손가락 사이의 골에 위치시키고는 집게손가락과 넷째 손가락으로 손잡이 아랫부분을 잡는다. 손목을 이용해 힘을 주는데, 가운뎃손가락으로 스푼을 밀면서 반시계 방향으로 돌린다. 그러다 스푼이 12시 방향에 오면 집게손가락을 이용해 스푼을 뒤로 당기고 마저 반 바퀴를 돌린다. 연습하면 몸에 밴 듯 익숙해진다.

트위스트 만들기: 껍질의 예술

트위스트는 단지 장식에 그치지 않는다. 맨해튼, 마티니, 그리고 같은 종류의 칵테일에서 트위스트는 없어선 안 될 요소다. 대표적인 트위스트를 만들려면 레몬이나 오렌지 껍질을 길이 2.5센티미터, 폭 12밀리미터의 조각으로 잘라내는데, 색깔을 띤 오일 성분 부분만 아주 얇게 도려내고 그 아래 쓴맛 나는 흰 부분은 피한다. 트위스트를 껍질 바깥 면이 아래로 향하게 음료 위에 들고, 잽싸게 힘을 주어 꼬집듯이 길게 반으로 트위스트를 접어 음료 위에 신선하고 달콤한 시트러스 오일 막을 입힌다. 잔 입구 가장자리에 대고 트위스트를 돌리며 문지른 다음 한쪽 끝을 음료 속으로 떨어뜨리는데, 음료 속에 넣지 않기도 한다. 이유는 모르겠지만 어떤 사람들은 음료 속에 떠 있는 트위스트를 질색해서 오일을 짜내면 바로 버리려고 한다. 트위스트를 음료 속에 넣든 버리든 선택은 당신의 몫이다. 단, 트위스트를 음료 속에 넣으려 한다면 세심한 바텐더는 반드시 껍질 바깥 면이 위로 오게 띄운다는 사실을 명심하자.

브랜디 크러스타(77쪽)를 만들 때 레몬 ½개의 껍질을 벗기려면, 레몬 1개를 들고 그 끝을 잘라낸 다음 아주 날카로운 나이프나 야채 필러로 가운데부터 조심스럽게 나선형으로 깎기 시작해 잘라낸 끝 쪽으로 간다. 특정한 펀치들의 필수 재료인 올레오 사카룸—라틴어로 '유당 sugar oil'을 뜻하는 약제학 용어로, 흔히 바텐더들은 줄여서 '올레오'라고 부른다—을 만들기 위해 레몬 1개를 다 쓴다면(아래 참조), 위와 동일하게 하되 꼭지부터 껍질을 깎아 내려온다.

올레오 사카룸: 야채 필러를 사용하여 레몬 4개의 껍질을 벗긴다. 레몬 껍질을 480밀리리터 용량의 메이슨 자+에 넣고 설탕 ¾ 컵[150g]을 추가한다. 용기를 닫고 흔든 다음 하룻밤 놔두고 가끔 흔들어준다. 시간이 많지 않다면 3~4시간 햇볕에 두면 된다. 설탕 때문에 레몬 껍질에서 오일이 빠져나와 설탕에 오일이 푹 스며들고 껍질은 설탕에 절며, 이따금 밝은 빛깔의 향긋한 오일이 놀랄 만큼 많이 만들어지기도 한다. 이것을 펀치로 만들려면 갓 짜서 걸러낸 레몬즙 ¾ 컵[180ml]을 추가하고 용기를 다시 닫아서 흔들고 내용물을 볼에 부은 다음 여기에 750밀리리터 술 한 병과 물 960밀리리터, 얼음 조금을 넣기만 하면 된다. 이것에 대해서는 다음에 또 다루겠다 (27쪽 참조).

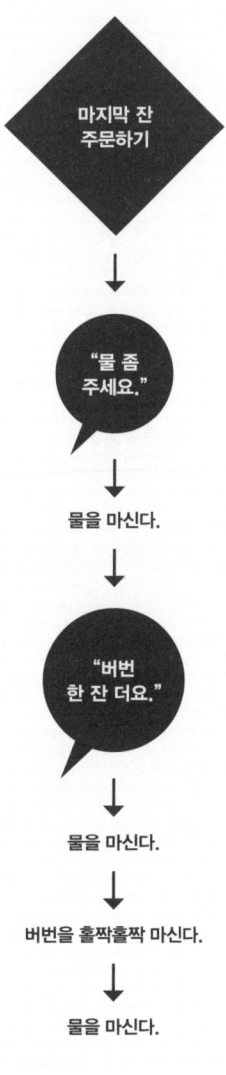

+ 식품 저장용 유리 용기.

이래서 좋다
샷 Shots

데이비드 원드리치

물론 샷을 한 번에 들이키는 것은 증류회사의 예술품을 신중하게 음미하는 것과는 상반되며, 조화가 잘된, 뼛속까지 시린 칵테일을 홀짝이면서 얻는 일종의 미각적 쾌락과는 아무 상관이 없다. 하지만 일단 나는 샷을 옹호해보련다. 샷은 때로 몸을 일깨워주고 때로는 기운을 돋워준다. 그러나 무엇보다도 샷은 사람들과 함께 나누는 사교적인 잔이다. 지극히 안정된 삶을 살더라도 소속감이 느껴져서 좋을 때가 있다. 좋은 브랜디, 올드 위스키, 아녜호 테킬라añejo tequila 등 어떤 스피릿은 샷으로 마신다. 향이 가미된 럼과 보드카 등 또 어떤 스피릿은 성인용으로 만들어진 것이 아니다. 그 밖에 나머지를 아래에 소개한다. 우리가 죽 마셔왔고 앞으로 또 마실 샷이지만, 특정한 밤에는 오직 한 번만 마시는 샷이다. 거듭 마셨다간 진상으로 전락할 것이다.

본디드 라이 BONDED RYE+
최소 4년 숙성,
100프루프proof++.
샷 중의 샷.

값이 싼 라이
여전히 인기 고공 행진.

값이 싼 버번
위 참조.

화이트 도그 WHITE DOG
비숙성 위스키 상표명.
증류기에서
바로 나온 것이 최고.
문샤인moonshine이라고도 부른다.

본디드 버번 BONDED BOURBON
좀 빠지는 샷 중의 샷.

베헤로브카 BECHEROVKA
허브향이 가미된 체코산 비터스.
맥주로 전향할 수 있으면
당장 그럴 것.

아이리시 위스키 IRISH WHISKEY
샷용으로 실용적으로 제조된 것.
부드럽고 달콤하며
속을 따뜻하게 데워준다.

+ 1894년 시행된 보세창고 내 병입법에 따라 제조된 스트레이트 위스키.
++ 미국에서 통용되는 알코올도수. 100프루프는 한국의 50도에 해당한다.

쥬니버 GENEVER
작은 튤립 잔에 차게 마신 뒤
작은 잔으로 맥주를 곁들인다.

아쿠아비트 AQUAVIT
건배! 냉장고에서 꺼내
바로 마실 때 최고.

마오타이 MOUTAI
오직 중국에서 중국인들만 마신다.
자, 이제 우리도 마셔보자고.

보드카 VODKA
냉장고에서 막 꺼냈을 때는
다른 샷과 막상막하.

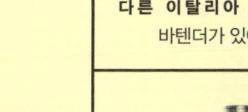

**페르넷 FERNET,
아베르나 AVERNA,
다른 이탈리아 아마로 (리큐어)**
바텐더가 있어야 가능.

피스코 PISCO
페루인들은 페루산,
칠레인들은 칠레산.
섞지는 말 것.

메스칼 MEZCAL
작은 도기 컵에 마실 때 최고지만
다른 것이어도 상관없다.

오버프루프 럼 OVERPROOF RUM
아주 독하고
아주아주 위험하다.
해적의 주스.

라키 RAKI
터키 술.

테킬라 TEQUILA
무조건 100퍼센트 용설란으로
빚은 것을 되도록
실버 잔에 낼 것.

언더프루프 럼 UNDERPROOF RUM
그래도 여전히 럼이긴 하다.

그 밖에 거의 모든 럼
위 참조.

그라파 GRAPPA
다시는 입에 안 댈 술.
질이 좋으면 홀짝일 정도는 되지만,
그렇지 않을 경우(몸서리 쳐짐).

7가지 칵테일 만드는 공식

지금껏 세상에 나온 칵테일 책들을 모조리 기계에 갈아넣고 분해해서 책에 실린 모든 레시피를 재료별, 비율별, 기술별로 뽑아본다면, 궁극적으로 술을 마음에 들고 맛도 좋은 칵테일로 바꾸는 방법은 그리 많지 않다는 사실을 알게 될 것이다.

(단순한)
사워 유형

↓

고대 펀치의 변형으로
기원은 1850년대로
거슬러 올라간다.

↓

갓 짠 레몬
또는
라임 즙 22ml

＋

미립당 1작은술

＋

술 60ml

═

칵테일 셰이커에 시트러스즙과
설탕을 넣고 잠깐 저은 다음,
술과 각얼음을 추가하고 잘
흔든다. 차게 한 칵테일글라스에
내용물을 걸러 따른다.

올드 패션드

↓

200년 넘게, 그리고 지금까지도
아무것도 타지 않은 알코올음료를
칵테일의 환희로 탈바꿈시키는
가장 간단하고 가장 좋은 방법.

↓

설탕 ½~1작은술

＋

비터스 3 또는 4대시+

＋

술 60ml

═

올드 패션드 글라스에 설탕과
비터스, 물 1작은술을 넣고 섞는다.
여기에 각얼음과 술을 추가하고
젓는다. 레몬 또는 오렌지
트위스트로 마무리한다.

마가리타/
사이드카

↓

리큐어로
달콤하게 만든 사워.
응용 방법은 무수하다.

↓

술 45ml

＋

과일 리큐어 22ml

＋

갓 짠 라임
또는 레몬 즙
15ml~22ml

═

믹싱 글라스나 칵테일 셰이커에
얼음을 채우고서
모든 재료를 넣고 잘 젓거나
흔든다. 차게 한 칵테일글라스에
내용물을 걸러 따른다.

+ 1대시(dush)는 ⅛작은술로, 약 대여섯 방울.

↓

1880년부터 지금까지
탁월한 칵테일 유형이자
가장 확실한 보증수표.

~~~~~~~~

술 60ml

+

베르무트 또는 알코올을 첨가한
강화와인 30ml

+

비터스 2 또는 3대시

+

리큐어 1작은술
(선택)

═══════

믹싱 글라스나 칵테일 셰이커에
얼음을 채우고서 모든 재료를
넣고 잘 젓는다.
차게 한 칵테일글라스에
내용물을 걸러 따른다. 레몬
또는 오렌지 트위스트로
마무리한다.

↓

역사적으로
이만큼 비율이 다양한
칵테일도 없다.
그럼에도 400년이나
이어내려온 이 유형은
현대의 모든 혼합 음료가
뻗어나간 몸통이다.

~~~~~~~~

얇게 저민
레몬 4개의 껍질
(23쪽 올레오 사카룸 참조)을
재워둔 설탕 ¾컵[150g]

+

갓 짠 레몬 또는
라임 즙 ¾컵[180ml]

+

술 750ml 1병

+

물 또는 셀처seltzer 탄산수 또는
소다수 960ml

═══════

펀치 볼에 레몬 오일이 스며든
설탕과 시트러스즙을 넣고
잘 녹도록 젓는다.
여기에 술과 물,
큰 얼음덩이를 더한다.
위에 육두구 가루를 뿌린다.

↓

만들기 간단하고
추운 날씨에
없어선 안 될 칵테일.

~~~~~~~~

끓는 물 60ml
(머그잔을 데우기 위해
약간 더 필요)

+

데메라라 설탕 1작은술

+

다크 스피릿 60ml

+

레몬 트위스트 1개

═══════

머그잔을 끓는 물로 헹군다.
데워진 잔에 설탕과
끓는 물 30밀리리터를 넣는다.
잘 저어 설탕을 녹인다.
여기에 스피릿과 레몬 트위스트,
남은 끓는 물 30밀리리터를
넣고 젓는다.

**스팅어/
러스티 네일** → 리큐어로
희석한 술.
만들기 간단하고
도수가 아주아주
세다.

술 68ml
+
허브 리큐어 22ml

믹싱 글라스 또는 칵테일 셰이커에
술과 리큐어, 각얼음을 넣고
잘 젓거나 흔든 다음
차게 한 칵테일글라스에
걸러 따르거나
온더록스+로 낸다.

+ 얼음에 술어 부어 마시는 방법.

음주의 방법 | 27

동의어

알아보기

가짜 무허가 술집에만 드나들던 사람이 어느 날 바에 갔다면……

90밀리리터	→	어느 정도
60밀리리터	→	약간
10달러	→	4달러
음료 만드는 데 2분	→	20초
4분	→	한 잔 더
믹솔로지스트	→	바텐더
바 주인	→	바텐더
칵테일 메뉴에서 궁금한 점 있나요?	→	뭐 드릴까요?
연금술	→	음료 믹싱
문 앞에서 대기해주세요	→	자리에 앉으세요
비밀 문	→	문
밀실?	→	그냥 벽장
세 번째 잔	→	서비스 잔 buyback+
다른 사람들의 옷차림을 평가하기	→	다트 게임
주량 도전	→	고주망태
메스칼	→	테킬라
패피 반 윙클 Pappy Van Winkle	→	버번
버펄로 트레이스 Buffalo Trace	→	버번
우드포드 리저브 Woodford Reserve	→	버번
일라이자 크레이그 Elijah Craig++	→	처음 듣는 사람 이름인데요? 음료 이름인가요?
라이 위스키	→	버번
그레이프프루트 비터스	→	없거나 모름
라구니타스 필스+++	→	버드와이저
페르넷 브란카 Fernet-Branca++++	→	무슨 말을 하는지 통 모르겠네요.
단명 자료 ephemera+++++	→	벽에 묻은 똥처럼 허튼 것
오후 5시 30분 오픈	→	오전 8시 30분 오픈
애주가	→	음주인
본 비방트 Bon vivant++++++	→	정신 나간 놈
찬양자	→	정신 나간 놈
믹싱 애호가	→	이상한 짓 애호가
맛있네!	→	좋다
즐거워!	→	좋다
탁월해!	→	이제 됐어

+ 바 주인이 네 번째 잔을 유도하기 위해 손님에게 공짜로 주는 술.
++ 패피 반 윙클, 버펄로 트레이스, 우드포드 리저브, 일라이자 크레이그는 모두 고급 버번.
+++ 미국 필스너 맥주.
++++ 이탈리아산 비터스.
+++++ 홍보물, 입장권, 브로슈어, 영수증 등 잠깐 쓰고 버리는 물건.
++++++ 미식가, 교제하기에 재미있는 사람.

젊은 음주인에게 보내는 편지

톰 치아렐라

이봐, 음주는 대박 즐겁지. 다들 그렇게 말하잖나. 그럼. 사람들은 더 좋아 보이고 바다는 더 푸르게 보인다고. 그렇고말고. 또 농담은 어떻고? 훨씬 잘 먹히지, 그렇지? 웃는 게 그냥 더 좋은 거지. 내 말이 틀린가? 자신이 있는 곳이 어디든 그곳이 좋아지기 시작하지. 세상과 화해할 수 있게 되는 거지. 이건 정말 좋은 거야. 진심으로.

처음 술을 마실 때 음주는 팽창이자 탈출이고 돌파구가 되지. 술을 마시는 행위가 일탈 같고 멋있어 보이고 힘 있는 것처럼 느껴지지. 자네들은 주차장, 채석장, 덜컹거리는 차고 지붕 같은 청소년 구역의 주변부에서 서성이며 몰래 브랜디를 마시고, 사촌 결혼식장에서 남은 샴페인 잔에 눈독들이고, 훔친 버번이나 차고 냉장고 안 제일 위쪽 선반에 오랫동안 방치해둔 맥주로 배낭을 채워 다락방으로 기어올라가지. 그러다보니 결국 자네들은 상징적인 자세를 취할 수밖에 없어. 차 덮개에 기대어 40도짜리 술을 마시면서 마치 타고난 술꾼처럼 입안으로 털어넣고 맥주병을 두 손가락으로 따지.

약간 취기가 도는 상태에서 자신의 주변, 즉 가족과 집, 고민거리를 돌아보면 기대와 두려움에서 놓여나 약간 나사가 풀린 자신을 발견하게 된다네. 이게 세상 두려울 게 없는 흥분 상태라는 건 명백하지. 얼마 동안, 어쩌면 한동안. 스스로에게 놀라게 되지. 더 대담해지고, 더 예민해지니까. 해선 안 되는 욕을 하고, 남의 말을 듣지 않고 자기 말만 하지. 노래도 잘 부르고 더 솔직해지고. 술을 마시면 일이 술술 풀리는 것 같단 말이지. 오로지 현재라는 순간에 위치하는 듯한 느낌이 들고, 그 순간만이 중요하지. 규범의 바깥, 학교와 직장에서 전해내려오는 교훈 너머의 저쪽 세상이 좋게 느껴지지. 그래, 자네는 또 한 잔 쭉 들이켜겠지.

이해해. 시작부터 이런 것들은 재미있는 환영이니까.

젊은 음주인들은 대개 스스로를 인식하지 못한다네. 자신을 관찰하고 기록해봐.

이것이 음주의 핵심이야. 끊임없이 보는 것. 다른 사람보다 덜 취했으면 주위를 둘러보게나. 다른 사람보다 더 취했으면 거울로 자신의 멍청한 얼굴을 들여다보길. 술자리에서 버티려면 행동 양식을 세워야 한다네. 구부정하게 있지 말 것. 흘리지 말 것. 규칙을 정하는 거야. 예를 들어 부츠잔으로 맥주를 마시지 않는다. 술을 벌컥벌컥 마시지 않는다. 샷건shotgun+하지 않는다. 고함치지 않는다. 그 정도야. 바에 걸어들어가면서 전에 와본 것처럼 행동하게나. 손님으로 북적이는 술집에 들어갈 때는 뭘 주문할지 생각해두게. 주문은 간단하고 분명하게. 만약 바가 붐비지 않고 바텐더가 영리하고 친절하다면 추천 음료를 물어보게나. 스스로 깨우친 것을 간략하게 정리해보고 실수를 교훈으로 삼도록. 일단 음주를 시작하면 어느새 두어 가지는 알게 되지. 그 이후는 일사천리야.

성급함 역시 떨쳐버리게나. 음주는 그 자체가 일이 되어서는 안 돼.

음주에 학습안은 없지만 우리는 배워야 한다네. 권위적으로 이래라저래라 하는 법칙도 없지. 그런데 배우는 게 자네들 일이야. 바 안에 있는 모든 사람이 일종의 법칙이지. 술을 다루는 방법, 술을 나누는 방법, 술을 보내는 방법을 배워야 해. 음주에 숙달되어야지. 아니면 술이 자네들을 마음대로 부린다네.

가끔 주위를 둘러보면, 왜 그런 사람들 있잖나, 소리치는 놈, 고꾸라지는 놈, 주먹질하는 놈, 질질 짜는 놈, 술에 취해 자는 놈, 여자 엉덩이나 만지는 놈, 포커 치는 놈, 주정하는 놈, 침 뱉는 놈, 비틀거리는 놈. 그중에 한둘은 꼭 있지. 자, 그럼, 한번 보자고. 그런 사람은 자기가 누군지, 어떤 모습인지, 사람들이 뭐라 하는지 전혀 모른다는 사실을 알아두게나. 공평하게 경고를 하나 하자면 결국 자네들도 그런 사람이 될 가능성이 있다는 거지. 하지만 꼭 그럴 필요는 없다는 걸 알아두게나.

그럴 때는 술을 끊도록. 어쨌든 일정 기간을 정해서. 일주일. 한 달. 삼 년. 시간이 아무리 많이 걸리든. 아예 술집에 발을 들여놓지 말게나. 결핍을 관찰하고 그걸 느껴봐. 어떤 식으로든 겉으로 보기에 제자리를 찾았다는 느낌이 들 거야. 술을 안 마신다는 게 어떤 건지도 알아두라고.

원한다면 다시 시작해보게나. 이번에는 좀 더 능숙해지라고.

결국 자신만의 조절 패턴과 독특한 방식을 갖게 되지. 어떤 건 운으로 얻고, 어떤 건 끈기로 얻은 거야.

어느 시점이 되면 여름에는 진만, 겨울에는 위스키만 마시게 되겠지. 아니면 친구들 준다고 칵테일을 대용량으로 만들 거야. 주크박스에서 여자들에게, 아니 그곳 전체에 술을 몇 잔씩 돌릴 거고. 집에 홈바를 차리고 올리브와 칵테일 어니언을 다시 생각해보게 될 거고, 라임의 중요성을 새삼 깨닫겠지. 직장 책상 서랍 안에 좋은 위스키 한 병을 넣어두고도 시간이 너무 지나 그 존재 자체도 잊어버릴 것이고. 그리고 어딘가의 어떤 바텐더는 자네가 문을 열고 들어오는 순간 만들어줄 술을 궁리할 거야. 자네는 일 년에 한 번 짧지만 사려 깊은 건배를 하지. 물론 사람들은 더 요청을 하겠지만. 술을 섞어 만든 칵테일이 지닌 상대적인 무해함, 한 샷 마신 후 맥주를 주문하는 이유, 해변에서의 음주에 대한 나름의 철학도 생길 거야.

사람들에게 질문을 받으면 자네는 이 책을 내밀겠지. 젊은 사람들은 알아야 한다고 말이야. 바 안에 흐르는 음악의 볼륨이 높아지고 그날 저녁 서커스 천막은 다시 한 번 부풀어오를 거야. 그러면 자네 차례가 온다네. 하이볼highball++ 잔을 부딪치는 쇼를 할 차례가. 잘했어. 그러고는 자네는 젊은이들 어깨 너머를 살피겠지. 아니면 바다를. 그때 자네는 이런 말을 할 거라고. 이 모든 것 때문에, 이 모든 것에도 불구하고 음주는 정말 대박 즐거운 거라고.

+ 맥주 캔을 눕히고 옆면 아래쪽에 구멍을 뚫은 후 구멍에 입을 댄 채 캔을 똑바로 세우고 따개를 따서 재빨리 마시는 방법.
++ 위스키 같은 독한 술에 소다수 등을 섞고 얼음을 넣은 음료.

음주의 단계

로스 매캐먼

음료 한 잔이라. 여기서 말하는 한 잔은 술, 그것도 바라건대 독주다. 하지만 이 정도 양의 술에는 우리 몸과 마음의 기능을 흐트러지게 할 만한 알코올이 들어 있지 않다. 시력, 타고난 품위, 도덕적 잣대는 전혀 타격을 받지 않는다. 한 잔의 술은 아무것도 손상시키지 않는다. 오히려 향상시킨다. 한 잔 하고 나면 세상이 조금 더 나아진다. 바는 살짝 더 좋은 바가 된다. 애완견은 살짝 더 착한 개가 된다. 일한 결과물은 살짝 더 근사해진다. 그렇다고 무슨 대가를 지불하는 건 전혀 아니다. 술 상대, 상사, 자녀, 경찰이 볼 때 우리의 겉모습은 말짱하다. 무엇 하나 망가뜨리지 않았고 바보 같은 소리도 하지 않았다. 술을 마시기 시작했을 때 신사였고 술자리를 뜰 때도 변함없이 신사로, 그것도 살짝 더 재미있는 사람으로 남는다. 그것은 좋은 일이다. 30분이라는 적당한 시간 동안(술을 조금씩 홀짝이지 않거나 한 잔으로 끝내지 않을 경우는 해당되지 않는다), 우주의 모든 것은 살짝 더 견딜 만해진다. 술 한 잔은 불로소득 같은 것이다.

데이비드 그레인저

술 두 잔이 의미하는 것은? 건강진단을 받으러 가서 담당 의사에게 실수로 음주에 관해 질문하면 의사가 으레 하는 대답, "하루 두 잔은 괜찮습니다". 무뚝뚝하지만 친절한 그 대답은 알코올 의존 성향이나 심각한 알코올 문제가 없는 정상적이고 정서적으로 안정된 사람의 경우 두 잔은 많은 양이고 실제로 필요한 양 이상이지만 의사인 자신이 좋은 사람이기 때문에 봐준다는 뉘앙스를 풍긴다. 의사가 보기에 두 잔은 그럭저럭 괜찮은 양이다.

그 밖에 두 잔이 의미하는 것은 이렇다. 술 두 잔을 마시면 7시 15분이다. 잠자리에 들기까지 네다섯 시간은 남았다는 뜻이다. 말하자면, 두 잔은 (a)두통으로 치닫거나 (b)걷잡을 수 없이 폭주하지 않도록 주의할 필요가 있는, 기운 좋게 취기로 달아오른 상태다.

두 잔은 기회다. 들뜬 마음을 추슬러 좀 더 편안한 밤으로 갈 수 있는 기회다.

두 잔은 시작이다. 적당히 좋은 기분을 내내 만끽하다가 만족한 채로 밤의 끝을 향해 나아가는 시작 단계다.

그러나 두 잔은 결코 종착지가 아니다. 주치의가 그 사실을 깨달아야 할 텐데.

라이언 다고스티노

경험상, 세 잔보다 더 좋은 잔은 없다.
세 잔은 맨정신과 취한 상태를 가르는 흐릿한 경계선의 코앞까지 우리를 떠미는데, 모래에 그어진 이 선은 파도에 씻겨나갔다. 여전히 흔적은 남아 있지만 흐릿할 뿐이다. 이곳에 있는 건 짜릿하다. 하늘을 나는 것 같고 그런 기분을 느끼면서 이따금 헛소리를 내뱉기도 한다. 괜스레 여동생 이름을 불러보기도 하지만, 불가피한 상황이라면 여전히 지게차도 운전할 수 있는 상태다. 다트 과녁도 여전히 맞출 수 있다. 여기서 한 잔 덜 마시면 책임감 있게 음주를 하는 것이고, 한 잔 더 마시면 무릎으로 걸어다니며 아무나 붙잡고 가라오케로 가자고 조르게 된다.

중요한 점은 즐거운 시간을 만끽하되 소변이 마려울 때 화장실을 지나칠 위험은 전혀 없다는 것이다. 세상은 끝내주고 근심 걱정은 사라졌으며 사람들은 하나같이 재미있다. 대화

중 주고받는 한마디 한마디가 즐겁고 의미심장하다. 좋은 아이디어는 기발해 보이고 어중간한 설은 사람을 혹하게 한다. 계획이 세워지고 그 계획이 재미있게 느껴진다. 그리고 동틀 무렵, 당신이 올라탄 택시가 엉뚱한 방향으로 가고 이를 알아채지 못한다 해도, 만사가 문제없이 끝난다.

크리스 존스

네 잔째 마신다 함은 어떤 종류의 저녁, 즉 우리가 만취해 있는 시간이 곧 펼쳐지리란 사실을 가리킨다. 네 잔째에서 술자리를 끝내는 사람은 아무도 없기 때문이다. 세인트루이스 아치가 서부로 가는 관문이듯, 숫자 4는 만취로 가는 관문이다. 4는 술의 세계로 가는 문전, 돌아올 수 없는 지점이다. 바 또는 탁자 위에 네 번째로 비워진 잔이나 병, 메이슨 자가 놓여 있거나, 앞쪽의 간이 캠프파이어에 네 번째 잔이나 병이 깨져 있다면 그것은 세상을 향한 다음과 같은 선언이다. '나는 앞으로 12시간에서 24시간 안에 뭔가가 기억나지 않아 힘들거나, 또는 뭔가를 기억에서 지우려고 한층 더 힘든 시간을 보내게 될 것이다.'

물론 그런 행동에 부끄러워할 필요는 전혀 없다. 그러나 자신이 한 짓을 부인하느라 생긴 수치심이 존재한다. 요오드로 천 번을 소독해도 씻기지 않을 수치심이자 은밀하고 크나큰 수치심이다. 이제 정리하라. "한 잔만 더 하고 끝낼게" 어쩌구저쩌구는 사절. 여기서는 누가 누구를 흉볼 상황이 아니다. 특히 전설의 숫자 4에 안착한 후에는. 더는 당신의 의지로 말짱한 정신을 유지할 수 없다.

그러나 멋진 신세계가 당신에게 펼쳐졌으니, 마법과 가능성으로 눈부신 거대한 우주가 앞에 있다. 이제 당신은 명사와 동사를 헷갈리기 시작한 사람, 바의 의자에서 굴러떨어질 수도 있는 사람, 옷을 입은 채 바닥에서 곯아떨어질지도 모를 사람이다.

이래서 좋다
토닉 앤드 비터스

존 케니

당신은 내일 10킬로미터 달리기에 출전할 예정이다. 또는 진통제를 복용 중이다. 어쩌면 그저 쉬고 싶을 수도 있다. 하지만 주변 상황에 따라 어쩔 수 없이 바에 앉았고 뭔가 마셔야 한다. 체면이 있지 다이어트 펩시를 달라고 할 수는 없는 노릇이다. 자, 어떻게 해야 할까? 토닉 앤드 비터스를 주문하라. 얼음을 채운 잔에 앙고스투라 비터스를 3~4대시 넣고 그 위에 토닉워터를 끼얹은 다음 라임 웨지를 넣은 음료다. 상황에 따라 토닉 앤드 비터스는 속을 편안하게 해주기도 한다. 어릴 적 배탈이 나서 마신 진저에일의 첫 모금처럼 시원하게 속을 가라앉혀준다. 게다가 마치 술을 마시는 것처럼 느껴진다. 약간 싸하고 달지 않다. 청량하고 심지어 상쾌하기까지 하다. 딱 알코올만 빠진 맛 좋은 술이다. 이게 바로 토닉 앤드 비터스의 진가다.

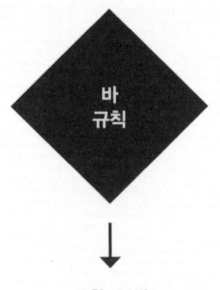

바 규칙

규칙 30번

맥주는 음식이다. 와인에는 음식이 딸려온다.
칵테일에는 음식이 필요하다.

규칙 43번

술 마시기에 가장 좋은 노래는 여전히 데이비드
앨런 코의 〈당신은 내 이름을 부른 적이 한 번도 없지
You Never Even Called Me by My Name〉다.

규칙 90번

바에서 하는 게임은, 준비운동으로 몸을 풀거나
그린의 경사를 가늠하기 위해 쭈그려 앉거나
조용히 해달라고 요청할 필요가 없다.

규칙 92번

남자 화장실과 여자 화장실에 성적인 표지를 붙인 바는
피하라. 그럴 수 없다면 무조건 명심하라.
당신은 잉글리시포인터지 세터가 아니다.
부표buoy지 갈매기gull가 아니다.+
XY지 XX가 아니다. 꼭짓점이 아래로 향한 역삼각형(▼)이지
위로 향한 삼각형(▲)이 아니다.

규칙 390번

당신의 나이가 어떻든 타인의 몸에서
소금을 핥아내야 하는 음료를 주문하기에는
당신은 공식적으로 너무 늙었다.

규칙 692번

바의 이름이 알파벳 Z로 끝날 경우 그곳에서 시작된 관계는
오래가지 않는다. 바와 맺은 관계를 포함해서.

규칙 699번

어서 가서 피처를 주문하라.

+ 사냥개인 잉글리시포인터와 부표는 남자를, 사냥개인 세터와 갈매기는 여자를 뜻하는 속어다.

음료
(그리고 간단한 음식)

클래식 칵테일

성인이면 알아야 하는 14가지 필수 교양 음료

이래서 좋다
저도수 음료

톰 치아렐라

열여섯 살 때 나는 한여름 오후에 뉴욕 로체스터에 있는 짐 밀러스 바의 문을 쾍 열어젖히고 들어가 조용히 진 앤드 토닉을 주문했다. 바텐더는 능글맞게 웃으며 톨 글라스에 싸구려 진을 조금 따르고 토닉워터를 잔 입구까지 부은 다음 내 앞에 헌금 접시처럼 내밀었다. 라임도 없이. 잔을 들자 바텐더는 다 마시고 빨리 꺼지라고 했다. 1시간 후, 사람들의 따가운 눈총을 견디며 생전 처음 보는 사람들과 함께 〈제너럴 호스피털〉 한 회를 거의 다 보아가면서 나는 음료를 한 방울도 남김없이 다 마시고 얼음조각도 모조리 씹어먹어 없애버렸다. 잔을 말끔히 비우고 바텐더에게 의미 없이 손을 흔든 후 빗속으로 걸어나왔다. 밖으로 나와 나는 조금도 취하지 않았다는 사실을 깨달았다. 마치 사기당한 느낌이 들었다. 다음에는 더블로 시키리라 속으로 다짐했다.

그 후 30년 동안 나는 이 다짐을 실천하느라 더블을 고집하고 언제나 롱 푸어long pour+와 독한 하이볼을 찾는 한편, 바에서의 음주란 일종의 가치방정식으로 같은 값에 술을 더 많이 주는 바텐더를 찾으면 이기는 게임이라는 사춘기 시절 가설을 부단히 따랐다. 그런데 그러던 중에 저도수 음료의 기능적이고 근원적인 기쁨을 발견하게 되었다.

저도수 음료라고 해서 건강에 좋지 않은 싸구려 음료를 가리키진 않는다. 클래식 칵테일은 이 등식에서 제외된다. 도수가 낮은 올드 패션드는 세상 어디에도 없으니까. 그건 그냥 형편없는 술일 뿐이다. 나는 하우스 스페셜 메뉴의 화학적 조성도 절대로 망가뜨리지 않는다. 부티크 호텔 바에서 모히토에 파인애플-멜론을 얹어 약하게 해달라고 하면, 글쎄 어딘가 좀 지질해 보이기 때문이다. 누구나 마찬가지겠지만 나는 내가 주문한 바로 그것, 특별히 나를 위해 만들어진 술을 원한다. 저도수로 주문할 때는 괜찮은 바텐더라면 누구든 이해할 수 있도록 분명하게 말해야 한다.

주문은 콕 집어서 하는 편이 낫다. "파인트 잔에, 토닉은 많이, 라임은 두 쪽, 보드카는 위에 약간만." 나는 이런 식으로 주문을 한다.

요구조건이 명확할 때 음료도 만족스럽다. 주문할 때 두려움은 느끼지 않는다. 나는 바텐더의 눈을 똑바로 보고, 하이볼 잔에 싱글 또는 파인트 잔에 쇼트 푸어short pour로 달라고 부탁한다. 얼음을 많이 넣어달라고도 한다. 바텐더는 고객이 무엇을 주문하든 개의치 않으며 단지 주문 자체에 주의를 기울인다.

"약하게 만들어줘요." "내 몸 생각을 해서." 나는 이렇게 덧붙인다.

마지막 말은 내 나름의 요령이다. 바에서 바랄 건 그것밖에 없다는 게 지금까지 깨달은 교훈이다.

+ 낙차가 크게 따르는 방식.

클래식 칵테일

no. 1

올드 패션드 Old Fashioned

올드 패션드(1800년경 등장, 1880년경 현재의 이름이 붙음)는 칵테일계의 펜더 스트래토캐스터 기타다. 즉흥적인 스타일, 거침없음, 세세한 기술이 결합된, 전형적인 미국식으로 구현된 음료다. 누구나 만들 수 있을 정도로 간단하지만 또 정교하기도 해서 결코 질리는 법이 없다. 목을 타고 빠르게 흘러내리는 버번과 일류 Cordon Bleu 코냑에 똑같이 잘 걸맞으며, 한쪽은 지그시 눌러주고 다른 쪽은 살살 살려준다. 음료를 마시는 필요에 따라 목 넘김이 천천히 수월하기도 하고, 목을 타고 불덩이처럼 내려가기도 한다. 재료가 저렴하고 손쉽게 구할 수 있으며, 선반 위에 두는 레몬을 뺀 모든 재료가 보관상 상할 걱정을 붙들어 매도 된다(레몬은 없어도 된다). 올드 패션드의 역사가 무르익자 옛날 정통 방식은 과일 조각을—설마 그럴 일은 없겠지만 심지어 마라스키노 체리를—으깨서 소다수에 그 끈적끈적한 덩어리를 푹 집어넣는 것이라고 믿는 사람들이 생겨났다. 그런 걸 올드 패션드라고 부를지 몰라도 그건 올드 패션드가 아니다. 올드 패션드는 바로 이렇다.

만드는 방법

올드 패션드 글라스 바닥에 **설탕 ½작은술**을 넣는다.

앙고스투라 비터스 2 또는 3대시를 넉넉히 넣고 **물 1작은술**을 첨가한다. 재료를 섞어 설탕을 녹인다.

글라스에 **각얼음 세 개**를 넣고 젓는다.

스트레이트 라이 위스키 또는 **버번위스키 60밀리리터**를 넣고 다시 젓는다.

음료 위에서 **얇게 자른 레몬**이나 **오렌지 껍질 조각**으로 트위스트를 만들고 글라스 안쪽에 떨어뜨린다. 1분 동안 그대로 둔 다음 낸다.

1인분

짬을 내서 하는
잠깐 공부 시간

올드 패션드는 칵테일의 가장 기본이라서 올드 패션드의 기본 요소에 대해
자세히 알아보고 가자.

트위스트
트위스트는 장식이 아니다. 음료 윗면에 뿌리는 레몬이나 오렌지 오일은 술을 본격적으로 마시기 전 애피타이저에 해당한다.

비터스
비터스의 톡 쏘는 휘발성 향신료 성분이 술에서 처음 맡아지는 향을 일시적으로 뒤덮어서 우리 뇌가 마시는 술을 한 잔의 위스키가 아닌 칵테일로 인식한다.

물
술이 많이 묽어지지 않고도 설탕이 녹는다. 그게 얼음의 역할.

얼음
술을 빨리 희석하는 용도인 작게 부순 얼음과 서서히 녹는 큰 각얼음 두어 개를 함께 넣으면 음료를 마시는 동안 냉기가 유지된다.

위스키
미국산 본디드 (최소 4년은 숙성한 알코올도수 100프루프)이며 지나치게 비싸지 않은 제품을 사용하자.

설탕
술을 달게 만들기보다는 얼음이 녹으면서 사라지는 질감을 되살려준다.

글라스
요즘 미국 바에서 사용하는 표준 록 글라스는 엄밀히 말해 더블 올드 패션드 글라스다.
우리가 원하는 건 그런 잔이 아니다. 150~180밀리리터 용량으로,
위스키를 족히 60밀리리터 따르면 잔의 절반가량 차는 싱글 올드 패션드 글라스를 원한다.

클래식 칵테일

맨해튼 *Manhattan*

유서 깊은 맨해튼—문헌상으로는 1882년 뉴욕에서 처음 등장했다—은 만들기가 아주 간단하기 때문에 오랜 세월 동안 미국의 기본 칵테일 역할을 했다. 맨해튼은 간단하기는 하지만 그리 만만하지 않다. 가니시을 제외하고 세 가지 재료가 필요한데 (두 가지가 아니다), 그중 하나를 조금 더 넣거나 조금 덜 넣기만 해도 완전히 바뀌어버린다. 제대로 배합된 맨해튼은 잘 만들어진 마티니 못지않게 훌륭하고(고루한 칵테일 교조주의자들은 이 무슨 이교도적이고 불경한 소리냐고 할지 모르지만), 풍미가 뚜렷하며 기운을 돋워주지만 강한 마사지를 받는 것처럼 심신을 풀어주기도 한다. 하지만 잘못 만든 맨해튼은 예외 없이 형편없어서 달짝지근하거나 살짝 물을 탄 조악한 위스키에 지나지 않게 된다.

맨해튼을 제대로 배합하려면 어지간히 숙성되고(최소 4년) 알코올도수 약 100프루프인 라이 위스키가 필요하다. 그게 없을 경우, 80프루프의 라이 위스키보다 100프루프의 버번이 낫고, 80프루프의 버번보다는 80프루프의 라이 위스키가 낫다. 라이 위스키는 스파이시한 향을 지닌 담백한 술로 고급 베르무트가 조금 필요하다. 우리는 위스키와 베르무트의 2 대 1 비율을 선호하지만 그 옛날 맨해튼 클럽에서 만들던 1 대 1 비율 또한 매력 있으며, 3 대 1 비율도 괜찮다. 베르무트가 그보다 적으면 조화를 잘 이룬 칵테일이 완전히 맹탕인 위스키로 확 추락해버린다. 그리고 비터스를 잊지 말자. 비터스는 다른 재료들을 결합시켜주는 역할을 하므로, 벽돌을 쌓는 데 모르타르가 없어선 안 되듯이 선택이 아닌 필수요소다.

만드는 방법

믹싱 글라스에 **라이 위스키 60밀리리터, 스위트 베르무트 30밀리리터, 앙고스투라 비터스 2대시를 부순 얼음**과 넣고 잘 젓는다. (어떤 사람들은 맨해튼을 흔들어서 만드는 방법을 선호한다. 그 방법도 문제없고, 기껏해야 핫도그에 케첩을 뿌리는 게 잘못되었다고 트집 잡는 정도에 지나지 않는다. 맨해튼을 탁하고 위쪽에 해조류 같은 거품이 생기게 하고 싶으면 흔들어대라. 허끝에 좀 더 가볍게 느껴지긴 하지만 어쨌든 맛이 나빠지진 않는다.)

차가운 칵테일글라스에 내용물을 걸러 따르고 **레몬 껍질 조각**으로 마무리하거나 **마라스키노 체리**로 장식해도 물론 좋다 (기껏해야 순도에 있어 마티니에 올리브를 넣는 것 정도의 도전에 지나지 않는다).

1인분

베르무트

대신 섞어 쓸 수 있는 재료

- **뒤보네**Dubonnet 또는 **릴레**Lillet. 와인 기반의 아페리티프+와 그 비슷한 술은 베르무트를 대신할 수 있지만 반드시 일일이 확인을 거쳐야 한다.
- **루비 포트**Ruby port++는 훌륭하다.
- **이탈리안 아마로**amaro+++ 역시 훌륭하다.
- **마데이라**madeira++++**와 그보다 달콤한 셰리**(피노fino, 만사니야manzanilla, 아몬티야도amontillado는 안 된다).
- 음료를 따르기 전 잔을 헹구는 데 **스모키한 스카치** 1작은술.

메모: 가끔 칵테일 메뉴판에서 "퍼펙트 맨해튼"을 봤을 터. 음료 제조에서 '퍼펙트'란 말은 언제나 스위트 베르무트와 드라이 베르무트를 1 대 1 비율로 첨가한다는 뜻이다. 우리는 추천하지 않는다. 경험상 드라이 베르무트는 위스키와 상극이어서 결과물이 이상해진다. 물론 이건 어디까지나 우리 생각이다.

+ 식전주.
++ 포르투갈 와인의 한 스타일로 루비색의 평범한 포트.
+++ 허브가 든 리큐어.
++++ 알코올을 첨가한 디저트용 화이트 와인.

클래식 칵테일

no. 3

마티니
Martini

만드는 방법

믹싱 글라스에 **부순 얼음**을 채운다.

드라이 베르무트를 (우리는 노일리 프라Noilly Prat를 더 선호) **15밀리리터** 따르고 잠깐 저은 다음 거른다.

여기에 **진**(우리는 탠커레이Tanqueray, 비피터Beefeater, 주니페로Junipero, 헨드릭스Hendrick's를 선호) **75밀리리터**를 첨가한다. 알코올도수 94프루프 정도의 진이 좋다.

약 10초 동안 힘차게 저은 다음, 차게 한 칵테일글라스에 걸러 따르고 **올리브**로 장식한다.

1인분

1800년대에 마티니라고 하면 다음과 같았다. 진과 스위트 베르무트를 2 대 1, 심지어 1 대 1로 섞고 여기에 심플 시럽 1대시, 비터스 소량을 넣고 레몬 껍질 트위스트로 장식했다. 드라이 마티니— 드라이 베르무트와 오렌지 비터스 1대시를 넣고 시럽을 전혀 첨가하지 않는다—는 도금 시대+의 산물로 1895년경 등장했다. 진과 베르무트의 배합 비율에 있어 아직까지 2 대 1보다 공격적으로 시도되는 경우는 드물었다. 그러다 1930년대에 이르러 스토크 클럽++ 에서 진과 베르무트를 5 대 1 비율로(전적으로 합리적인) 만들어준다. 마티니의 인기가 절정이던 잿빛 플란넬 정장의 시절+++, "투명한" 이 칵테일의 진과 베르무트 비율은 8 대 0까지 갔고 올리브가 곁들여졌다.

우리가 폭넓게 테스트를 해본 결과 지금까지 등장한 비율 중 1800년대 공식이 가장 기분 좋게 마실 수 있는데, 다만 대부분 사람들이 머릿속에 떠올리는 '마티니'라는 음료에 정확히 부합하진 않는다. 1890년대 마티니가 좋은 베르무트만 있다면 가장 세련되었고, 스토크 클럽 버전은 대담하고 매끈하고 우아하다는 점에서 음료계의 시그램 빌딩이라 해도 무방하다. ("투명한" 마티니? 그건 단순히 얼음을 넣은 진에 불과하다. 정 원한다면 용기를 갖고 주문해야 할 거다.)

+ 남북전쟁 이후 대호황기. ++ 뉴욕 맨해튼의 나이트클럽. +++ 1950년대.

클래식 칵테일

no. 4

네그로니 Negroni

이탈리아 사람들은 대체로 술꾼이 아니다. 적어도 앵글로색슨족이 이해하는 기준에서는 아니다. 이 장화의 나라 사람들이 술을 멀리해서가 아니라, 그들이 술을 그 자체로 충분한 오락거리로 여기지 않기 때문이다. 그들에게 알코올은 곁들이는 것이지, 저녁의 중심은 단연코 아니다.

그런 삶의 태도로 인해 별 볼 일 없는 주류가 만들어졌다. 그나마 캄파리Campari+가 있어 다행이다. 캄파리 하면 연상되는 것들이 있다. 라펠이 좁은 여름 경량 수트, 레이밴의 웨이페러 선글라스, 베스파 스쿠터, 카프리 바지++를 입은 갈색 눈의 금발머리 여자. 근심 걱정 없는 삶이다. 강렬한 붉은빛을 띠고 쓰디쓴 48프루프의 이 토닉은 딱히 칵테일 문화를 쌓아올릴 성싶지 않지만 어쨌든 제 구실을 한다. 실제로 캄파리를 진과 이탈리안 베르무트와 섞으면 네그로니가 만들어지는데, 이 세상에 없어선 안 될 칵테일로 손꼽힌다.

+ 식전에 마시는 매우 쓴 이탈리아 술.   ++ 8부 길이의 슬림한 팬츠.

만드는 방법

믹싱 글라스에 **런던 드라이 진 45밀리리터, 캄파리 22밀리리터, 스위트 베르무트**(마티니 앤드 로시Martini & Rossi 또는 카르파노 안티카 Carpano Antica 같은 제품) **22밀리터**를 **부순 얼음**과 넣고 잘 젓는다.

차게 한 칵테일글라스에 내용물을 걸러 따르고 **오렌지 껍질 조각**으로 장식한다. (이것은 미국식 방법인데 만찬 전 칵테일로서 제 역할을 훌륭히 해낸다. 진정한 이탈리아식은 진과 베르무트, 캄파리를 각각 30밀리리터씩 얼음에 부어 온더록스 방식으로 만들고, 차가운 소다수를 위에 뿌린 다음 오렌지 휠 반 개로 장식한다. 이 칵테일은 오후 내내 마셔도 된다.)

1인분

클래식 칵테일

no. 5

톰 콜린스

Tom Collins

레몬즙, 설탕, 진, 셀처 탄산수를 간단히 혼합하여 만든 이 상쾌한 칵테일은 적어도 150년 전에 등장했다. 그 오랜 역사에도 불구하고 톰 콜린스는 누구나 친숙하게 여기지만 사실 세세한 관심을 기울이진 않는 공기 같은 음료다. 그렇지만 이 레시피대로 빅 글라스 텀블러를 사용하여 더블로 만들면 이렇다 할 과학적 이유도 없이 한층 맛이 좋아져서 활력과 생명력이 더 느껴진다. 아니면 손안의 잔에 더 많은 술이 들어 있다는 사실만으로 그런 생각이 드는지도 모르겠다.

+ 가늘고 긴 원통 모양의 잔.

만드는 방법

가급적 용량이 720밀리리터는 되는 아주 큰 하이볼이나 콜린스 글라스+나 텀블러에 **갓 짠 레몬즙 45밀리리터**와 **미립당 1작은술**을 넣는다. 내용물을 저어 설탕을 녹인다.

진(헨드릭스가 특히 시원하다) **90밀리리터**를 첨가한다.

최대한 큰 **각얼음**으로 잔을 채운다.

셀처 탄산수를 잔 입구에서 2.5센티미터 아래까지 붓는다.

원하면 '깃발'— **마라스키노 체리**를 이쑤시개나 작은 꼬치를 이용해 **오렌지 조각**에 끼운 것—로 장식한다.

1인분

클래식 칵테일

다이커리 Daiquiri

그동안 다이커리를 처음 만든 건 자신들이라고 주장한 이들은 많았다. 쿠바 바텐더들, 미국 광산 기술자들, 독일 소군주 등등. 그러나 럼과 라임이 함께한 역사는 길다. 영국 해군은 1795년 일반 사병에게 라임주스를 지급하기 시작했다. 이후 수병들이 매일 배급받는 럼과 라임을 섞어 마시기 시작하기까지 과연 오랜 시간이 걸렸을까? 대부분의 카리브해 및 남미 사람들은 사탕수수로 술을 만들고 라임을 길러 둘을 같이 마신다. 그냥 다이커리의 온더록스 버전인 브라질의 카이피리냐는 어떤가? 사실 다이커리는 누가 봐도 지역 재료(럼, 설탕, 라임)와 미국 기술(칵테일 셰이커, 얼음)의 만남이라서 바지에 단추를 단 희대의 멍청이나 생각해내지 못했을 것이다.

럼과 관련한 주의사항: 어떤 사람들은 화이트 럼보다 다크 럼을 선호한다. 다크 럼을 사용한다면 설탕을 조금 줄일 것.

+ 100년 이상의 역사를 가진 쿠바의 럼 브랜드.

만드는 방법

칵테일 셰이커에 **미립당 ½~1작은술**과 **갓 짠 라임즙 15밀리리터**를 넣고 젓는다.

여기에 (구할 수만 있다면) 아바나 클럽+ 3년산, 뱅크스 5 아일랜드, 오우니스 Owney's, 플랜테이션 3 스타스Plantation 3 Starts 같은 풍미 좋은 **화이트 럼 60밀리리터**를 넣는다.

셰이커에 **얼음**을 채우고 잘 흔든다.

차게 한 칵테일글라스에 걸러 따른다.

1인분

클래식 칵테일

만드는
방법

차게 한 칵테일글라스
테두리에 **라임 웨지**를
문지른 다음,
거친 소금을 담은 접시에
이 젖은 테두리를
굴린 후 말린다.

칵테일 셰이커에
실버 테킬라* 45밀리리터,
쿠앵트로**+ 22밀리리터와
갓 짠 라임즙 22밀리리터를
얼음과 넣고 잘 흔든다.

준비한 칵테일글라스에
걸러 따른다.

1인분

* 실버 테킬라는 전통적으로
이 술의 원료인 용설란
100퍼센트로 만든
것이어야 한다.
목 넘김이 탁월한 황금색
아녜호스는 아낄 것.

** 트리플 섹Triple Sec++보다
쿠앵트로를 사용했을 때
확실히 결과물이 더 좋은데,
대부분의 트리플 섹 브랜드들은
화학 약품의 불쾌한 끝맛이
남아 풍미를 망친다.

no.
1

마가리타 Margarita

마가리타는 1940년대에 등장하여 그 뿌리가 깊지만, 사실 1970년대의 산물이다. 〈에스콰이어〉의 《호스트를 위한 길잡이 Handbook for Hosts》(1973년 출간) 개정판에서는 마가리타를 '12가지 가장 유용한 주류 중 하나'로 꼽았다.

본질적으로 사이드카의 변형—브랜디 대신 테킬라, 레몬 대신 라임 즙, 설탕 대신 소금 림rim—인 마가리타는 특유의 빛깔, 그리고 특히 은은한 맛이 동일하다. 하지만 마가리타는 사이드카와는 완전히 다른 칵테일로 덜 호화롭지만 더 품위는 있다(물론 딸기와 이런저런 쓸데없는 재료를 넣지 않고 제대로 만든 경우).

+ 오렌지향이 나는 순한 리큐어.
++ 세 번의 증류를 거쳐 제조하였다는 뜻으로, 단맛을 지닌 오렌지 리큐어인 퀴라소의 변형.

클래식 칵테일

위스키 사워

Whiskey Sour

이보다 더 간단한 음료 제조 방식이 있을까. 술, 레몬이나 라임 즙, 감미료만 있으면 끝. 그리고 이보다 더 종류가 많을 수 있을까. 위스키 사워, 다이커리, 콜린스, 심지어 사이드카와 마가리타까지 모두 사워이다. 게다가 이보다 더 끔찍할 수는 없다. 드라이하고 복합적이어야 할 맛이 까딱 잘못하면 이가 녹아내릴 듯이 시큼하거나 사탕처럼 달다.

자, 그렇다고 사워의 균형을 맞추기가 분자생물학만큼이나 어렵게 느껴지길 원하지는 않는다. 사워는 다른 음료들보다 맛을 더 세세하게 조절할 수 있기 때문에 약간만 신경 쓰면 된다. 요즘은 대부분의 바텐더가 시트러스한 맛의 균형을 심플 시럽으로 맞추지만 여기에서 사용하는 것은 바의 오랜 마스터들이 고집해온 미립당이다. 레몬즙에 설탕을 넣어 저은 칵테일은 깔끔하고 활기차다. 반면 감귤류 즙과 시럽을 각각 22밀리리터씩 넣어 만드는 현대의 칵테일은 매끄럽다 못해 흡사 플라스틱 같은 질감이다. (이 책에서 제시하는 비율이 입맛에 너무 시큼하면 설탕을 늘리기보다 감귤류 즙 양을 15밀리리터로 줄이는 게 낫다. 그럼 끝내주는 칵테일이 만들어진다.)

만드는 방법

칵테일 셰이커에 평평하게 깎아 담은 **미립당 1작은술**과 **갓 짠 레몬즙 22밀리리터**를 넣고 젓는다. (술 없이 설탕을 녹이는 게 더 쉽다.)

미국산 위스키 아무거나 60밀리리터 넣는다.

셰이커에 **얼음**을 채워 잭해머 착암공처럼 흔든 다음, 차게 한 칵테일글라스에 걸러 따른다.

마라스키노 체리로 장식한다. 마신다. 또 마신다. (뉴욕 사워를 만들려면 완성된 사워 위에 **드라이한 레드 와인 15밀리리터**를 붓는다. 방법은 작은 양념통이나 약병에 와인을 담고 사워 표면 바로 위에 스푼을 뒤집어 든 다음 스푼 아랫면을 따라 서서히 와인을 따른다. 와인의 수렴성 때문에 와인과 위스키가 아름답게 대비를 이루며 그 모습이 굉장히 매력적이다.)

1인분

클래식 칵테일

민트 줄렙
Mint Julep

줄렙은 그 기원이 적어도 1770년으로 거슬러 올라가는, 미국에서 가장 오래된 음료다. 초창기에는 주로 브랜디로 만들었는데, 브랜디가 고가일수록 좋았으며 종종 포트, 셰리, 마데이라를 섞기도 했다. 이런 것들일랑 실험주의자들이나 갖고 놀게 놔두고 여기서는 맛 좋은 올드 아메리칸 버번을 고수하겠다.

줄렙학의 켄터키 학파에 따르면, (1)360~420밀리리터 용량의 키가 크고 슬림한 잔을 물기 없이 차갑게 얼려 사용한다 (물론 전통적인 은제 비커라면 더 좋다). (2)얼음을 부순 다음 꼼꼼하게 '물기를 없앤다'. 즉, 얼음을 잔에 담기 전에 남은 물기를 제거한다. (3)얼음을 잔에 넣은 후 맨손으로 잔을 만지지 않는다. 손이 닿으면 성에가 없어진다. 같은 이유로 줄렙은 잔마다 냅킨이나 작은 린넨 깔개로 감싸서 내야 한다. (4)잔은 바람을 맞거나 젖어 있거나 물기를 없애지 않은 얼음으로 가득 차 있거나 손으로 만지면, 성에가 끼지 않는다. 때로 잔을 빙빙 돌리거나 냉장고의 가장 저온 칸에 30분가량 두면 빨리 성에가 끼게 할 수 있다. (5)가장 신선한 민트만을 사용하고, 그중에서도 가장 작고 연한 잎으로 고른다. (6)빨대를 꽂을 경우, 짧은 빨대를 사용해서 음료를 마실 때 코끝이 민트 사이에 묻히도록 한다. 지켜야 할 지침이 너무 많지만…… 다 그만한 가치가 있다.

설탕 2작은술과 물 2작은술을 물기 없이 냉각시킨 슬림한 잔이나 비커에 넣고 젓는다.

신선한 **민트 잎** 5 또는 6장을 넣고 머들러로 가볍게 눌러준다.

잔에 잘게 부순 얼음을 채운다. 얼음 위에 **고급 숙성 버번** 90밀리리터를 붓는다.

잔에 성에가 낄 때까지 기운차게 젓는다(잔을 만지지 않도록 주의할 것). 잘게 부순 얼음을 더 넣고 다시 젓는다.

얼음에 **신선한 민트 가지**를 몇 개 꽂아서 마시는 사람이 그 향을 맡도록 하고, 빨대 두 개를 꽂아 낸다.

1인분

민트향을
충분히 느낄 수 없다고?

이렇게 해보자: 줄렙을 만들 때 작고 오목한 그릇에 **신선한 민트 가지 2 또는 3개**를 넣고 **미립당**을 솔솔 뿌리고서 **용수(용천수) 30밀리리터**를 추가하고 찧어 10~15분 동안 절여지도록 그대로 둔다. 얼음을 채운 잔에 가는 체를 받치고 내용물을 걸러 따른 다음 지침대로 버번을 붓고 젓는다.

클래식 칵테일

만드는 방법

올드 패션드 글라스나 작은 텀블러에 정사각형으로 자른 신선한 **라임 조각 8개**(옆 페이지 참조)와 **설탕 1작은술**을 넣는다.

라임을 으깬 다음 **각얼음 3 또는 4개**를 넣는다.

카샤사 60밀리리터를 붓는다. 잘 저어서 낸다.

1인분

no. 10

카이피리냐
Caipirinha

카샤사cachaça는 생 사탕수수 스피릿으로 브라질 국민 음료의 원료인데, 겉보기에는 보드카와 비슷하고 싸구려 제품은 마치 오래된 트럭 타이어에서 숙성된 게 아닐까 싶은 맛이 날 수도 있다. 그러나 심지어 그런 제품, 소위 공장제 카샤사도 으깬 라임과 설탕, 얼음을 섞으면 신기하게도 취기가 돌게 하면서 매우 단순한 매력을 발산한다. 반면 장인이 만든 카샤사는 순수한 사탕수수 즙 브랜디로 지구상에서 만들어진 그 무엇보다 정직하고 절묘한 스피릿이다. 그런 카샤사로 만든 카이피리냐는 완전무결하다.

비법

훌륭한 카이피리냐 만들기는 전적으로 라임 손질에 달렸다. 여기, 특히 효과적인 손질 방법을 소개한다.

① 잘 드는 과도로 라임의 양끝을 잘라내는데, 과육이 드러날 만큼 깊게 자른다.

② 라임을 세로로 절반 자른다.

③ 가운데에 V자 모양으로 끝이 만나도록 길게 칼집을 두 군데 내서 각 반쪽의 절단면을 따라 길게 박혀 있는 심의 하얀 섬유질을 도려낸다. 칼날이 껍질까지 닿을 정도로 깊게 자르진 않는다.

④ 하얀 심이 있던 절단면과 직각을 이루며 동일한 간격으로 세 번 깊이 자른다. 이렇게 하면 라임 반쪽이 8개의 작은 정육면체 조각으로 나뉜다.

⑤ 이 조각을 단면이 위로 오도록 잔에 넣고 설탕을 첨가한 다음 으깬다.

클래식 칵테일

칵테일 셰이커에
**런던 드라이 진
60밀리리터,
로지스 라임 주스
20밀리리터**를
얼음과 넣고 잘 흔든다.

차게 한 칵테일글라스에
내용물을 걸러 따르고
**차가운 소다수
30밀리리터**를
위에 붓는다.

1인분

no. 11

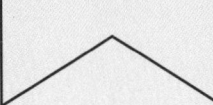

김렛 Gimlet

김렛은 한때 대단한 인기를 누렸지만 현재는 비신선 재료—여기서는 로지스Rose's 라임 주스—에 대한 반감으로 사양길을 걷고 있다. 그러나 '비신선'이 원래 김렛의 핵심이었는데 김렛이 처음 유래할 당시 영국 해군에는 신선한 라임이 없었기 때문이다. 가공 즙은 살짝 이상한 맛이 나긴 해도 여전히 비타민 C가 풍부했고, 김렛은 전형적으로 선원들이 주변에서 손에 넣을 수 있는 재료—가공 라임즙, 진, 그리고 마지막 재료는 원래 소다수였던 것 같다—를 가지고 즉흥적으로 만들어낸 음료였다. 사실 소다수는 지금까지도 김렛의 균형을 맞추는 핵심으로, 조금 뿌리면 로지스 라임 주스의 단맛을 잡아주어 진을 추가하는 방법보다 훨씬 낫다.

클래식 칵테일

머그잔을
끓는 물로 헹궈 따뜻하게
데운다.

↓

**원당 1작은술,
끓는 물 30밀리리터,
얇고 기다랗게 깎은
레몬 껍질 한 조각을** 머그잔에 넣고
잠깐 젓는다.

↓

싱글 몰트 스카치
(부드러운 게 좋으면
글렌리벳Glenlivet이나
글렌로시스Glenrothes,
스모키한 향이 좋으면
라프로익Laphroaig이나
보모어Bowmore,
아드벡Ardbeg)
**60밀리리터와 끓는 물
30밀리리터**를 더 넣는다.
마신다.

1인분

no.
12

핫 토디
Hot Toddy

이 세상이 끔찍하게, 심지어 두려울 정도로 춥고 어두울 때가 있다. 한파에 작은 생명의 불꽃이 펄럭이며 약해질 때, 기운이 없고 몸이 맥을 못 출 때, 그때야말로 핫 토디가 필요한 시점이다. 다른 무엇도 필요 없다. 오리지널 버전, 가장 단순한 것이 최고다. 토디는 귀족의 음료로 좋은 몰트위스키, 소량의 설탕, (별로 많지 않은) 끓는 물 그리고 혹시, 정말 혹시나 레몬 껍질 한 조각 외에는 입에 달달하게 감기는 리큐어나 과일즙, 사과술 등 어떤 재료도 필요하지 않다.

클래식 칵테일

Chatham Artillery Punch

채텀 아틸러리 펀치

모든 것을 평정할 단 하나의 진정한 펀치. 맛 좋고 치명적이며 쥐도 새도 모르게 취하는 이 펀치를 만든 장본인은 1850년대 조지아 주 서배너에 살았던 미국인 알론조 B. 루스다. 많은 버전이 존재하지만 루스의 버전은 다른 버전이 범접할 수 없는 소박한 기품이 있다. 하지만 주의할 점이 있다. 채텀 아틸러리 펀치는 수십, 수백 명을 때려눕히는 것으로 명성이 자자하다.

+ 프랑스산 쌉쌀한 브랜디.

레몬 4개의 껍질을 **설탕 ¾컵[150g]**에 재워놓는다 (23쪽 올레오 사카룸 참조).

갓 짜서 거른 **레몬즙 ¾컵[180ml]**을 올레오유와 함께 단지에 담고 다시 꼭 닫은 다음 설탕이 녹을 때까지 흔든다.

위의 혼합물을 3.8밀리리터 용량의 펀치볼에 붓는다.

양질의 **버번 1컵[240ml]**, **VSOP등급 코냑** 또는 **아르마냑**Armagnac+ **1컵[240ml]**, 스미스 앤 크로스Smith & Cross 같은 **도수 높고 펑키한 자메이카 럼 1컵[240ml]**을 붓는다.

물 960밀리리터로 만든 **얼음 덩어리** 하나를 넣고 저은 다음 30분 동안 냉장고에 넣어둔다. 내기 전 **차가운 샴페인 750밀리리터 1병**을 부어 젓고 얇게 자른 레몬 휠로 장식한다.

약 20인분

클 래 식 칵 테 일

no.
14

에그노그 Eggnog

만드는 방법

에그노그는 보통 우유와 계란, 고과당 옥수수 시럽, 카라기난+, 인공 향미료를 섞은 알코올도수 0프루프의 팩 제품으로 나온다. 운이 좋으면 호스트가 여기에 바카디나 싸구려 버번을 섞어줄 것이다. 생산이 공업화된 제품이라고 해서 그 에그노그가 불량 음료는 아니다.

그러나 신선한 재료로 만든 에그노그는 완전히 딴 세계다. 녹은 싸구려 아이스크림 같기보다는 사악하고 쉽사리 취기가 올라오는 강렬한 술이라 일 년에 한 번 돌아오는 휴일에 빠져선 안 되는 필수요소다. 물론 에그노그를 만들려면 약간의 요리 기술이 요구되긴 하지만, 특히 19세기를 본보기 삼아 음식에 들어가는 알코올에 대해 열린 마음을 가진다면 그 노력은 유익할 것이다. 버번이야 언제나 제 역할을 하지만, 코냑과 다크 럼을 전통적으로 혼합하면 좀처럼 유혹을 거절하기 어려운 복잡하고 다층적인 음료가 만들어진다. 하나 더 언급하자면, 스피릿을 셰리나 마데이라, 황갈색 포트와인 또는 이들 혼합물로 대체해도 마찬가지 효과가 나는데, 버번이나 코냑-럼을 넣은 것 못지않게 풍미가 있지만 훨씬 덜 취하는 에그노그가 만들어진다. 술의 종류로 변화를 줄 수 있지만 기본 레시피는 바뀌지 않는다.

+ 식품의 점착성 및 점성을 증가시키는 응고제.

달걀 10개의 흰자와 노른자를 분리한다. 가급적 알이 큰 유기농 달걀로 선택한다.

펀치볼에 **설탕 ¾~1컵 [150~200g]** (단맛을 좋아하는 정도에 따라 양을 달리한다)과 달걀노른자를 넣고 설탕이 녹을 때까지 휘젓는다.

스피릿 3~5컵[720ml~1.2L] (옆 페이지 참조)과 **유기농 전유 960밀리리터를** 붓고 서서히 저어준다.

비반응성 그릇(유리나 에나멜, 도기)에 달걀흰자를 넣고 거품이 부드럽게 봉긋 올라올 때까지 휘젓는다. 흰자 내용물을 앞서 만든 에그노그 베이스에 천천히 올린다. 1시간 동안 냉장고에 넣어둔다.

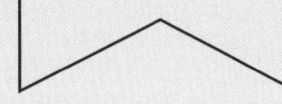

위쪽에 **신선한 육두구를** 갈고 국자로 떠서 담는다.

약 12인분

에그노그
두 가지 방법

클래식 에그노그
VSOP등급 코냑
2컵[480ml]

리치한 다크 럼 1컵[240ml]

셰리 에그노그
아몬티야도 셰리 3컵[720ml] 또는
올로로소 oloroso 셰리 4컵[960ml]

고급의 리치한 마데이라 1컵[240ml]

바텐더가
갖춰야 할 덕목

데이비드 그레인저

내 단골 바텐더 이야기를 또 풀어놓아야겠다. 나에게 화재로 삼을 만한 바텐더가 생긴 지도 몇 년 되었다.

지금 우리는 전문 바텐더 시대에 살고 있고 그만큼 많은 혜택을 본다. 그러나 뚜렷한 개성을 지닌 바텐더가 양성되고 있냐 하면 그건 일반적으로 또 다른 이야기다. 현대의 바텐더는 종종 기교의 복잡성에 푹 빠져 있거나, 아니면 일단 음료를 만들고 나서 그 기교의 복잡성을 설명하는 데 지나치게 심취해 있어 장인 이상으로 도약할 의지가 없다. 오늘날 바텐더가 되기란 그 조끼하며 까다롭게 다듬은 수염하며 음료 젓기하며 참 복잡하기 그지없다. 바텐더들은 점점 편협하고 세상으로부터 동떨어지게 되었다. 자신들의 일이 음료를 만드는 것(만들고 또 만들고)뿐이라 생각한다.

바로 이 점 때문에 나의 새 단골 바텐더는 신선하게 느껴진다. 나는 집에서 북쪽으로 세 블록 떨어진 이 바에서 한잔한다. 지척에 있어 언제고 들를 수 있는 오랜 단골집.

여자 바텐더. 그녀는, 음, 세다. 당신도 차츰 마음에 들어 할 게 틀림없는 그런 매력을 지녔는데, 내가 거기 있어도 나를 알아차렸다는(또는 '신경 쓴다'가 올바른 표현일 텐데) 낌새를 드러내는 법이 없다. 네 번째 방문했을 때 나는 바텐더에게 위스키 대신 테킬라를 베이스로 한 맨해튼을 만들어줄 수 있냐고 물었다. 그녀는 이렇게 말했다.
"음…… 안 돼요."

그러더니 이내 누그러져 테킬라를 만들고는 자신이 시음할 양을 조금 남기고 내게 건넸다. 그녀는 테킬라를 맛보더니 이렇게 말했다.
"생각만큼 그리 형편없진 않네."
공정하게 말하자면, 이 바텐더는 손님과 대화를 한다. 주의를 기울인다. 솜씨가 뛰어나고 흐름을 파악하고 있으며 민첩하고 손님이 원하지 않는 한 귀찮게 하지 않는다.

친구나 일 관계자와 가서 주문을 하면 이야기를 하는 동안 어느새 음료가 나와 있다. 요전날 밤, 나는 맨해튼을 주문하고 그녀가 어떻게 만드는지 지켜보았다. 애써 힘들게 만들지 않았다. 그게 그녀의 방식이었다. 파인트 잔에 얼음을 넣고 라이 위스키로 잔의 3분의 2를 채운 다음 스위트 베르무트 약간, 비터스 약간 넣고 흔들어 차게 잠시 놔둔 다음 오버사이즈 마티니 잔에 따라주었다. 맨해튼 맛이 났고, 차가웠다.

그녀가 점점 나를 따뜻하게 대해주는 것 같다. 요전날 밤, 나는 테킬라 맨해튼을 만들어줄 수 있냐고 물었다.

바텐더는 대답했다.
"물론이죠, 오늘밤은 기분이 좋으니까."

2라운드

필수 교양은 아니지만 굉장히 맛있는 칵테일

2 라운드

앨곤퀸 Algonquin

때는 금주법 시대였고 점심시간으로, 라운드 테이블+에 내놓을 만한 주류는 딱히 많지 않았다. 어쨌든 뉴욕 앨곤퀸 호텔은 그 이름을 딴 칵테일을 지속적으로 선보였지만 대체로 그 결과물은 의심스럽기 짝이 없는 것들이었다(럼, 블랙베리 브랜디, 베네딕틴? 그건 아니지). 앨곤퀸도 그런 칵테일 중 하나였을지도 모르지만 아무도 확신은 못 하는 것 같다. 아무튼 라운드 테이블의 재담꾼들이 이걸, 심지어 비번일 때 홀짝거렸을 리는 거의 만무하다. 문헌에 등장하듯이 그들은 엄격히 말해 하이볼 추종자였으며 이따금 마티니를 즐겼기 때문이다. 하지만 앨곤퀸도 나쁘지 않다. 신랄하고(시인 도로시 파커만큼은 아니지만) 달콤하며(유머 작가인 로버트 벤츨리는 못 따라가지만) 충분히 독해서, 이 세 가지만으로도 당신이 코미디 배우인 하포 막스를 완벽히 흉내낼 수 있게 만든다.++ 또한 오렌지 비터스를 2~3대시 넣고 저으면 이 음료는 놀라워진다.

믹싱 글라스에 라이 위스키 **15밀리리터**, 드라이 베르무트 **22밀리리터**, 무가당 파인애플 주스 **22밀리리터**와 잘게 부순 얼음을 넣고 잘 젓는다. (흔들지 말 것. 흔들면 파인애플 주스 때문에 거품이 생긴다.) 차게 한 칵테일글라스에 걸러 따른다. **1인분**

+ 정확히 '앨곤퀸 라운드 테이블'로, 1920년대 뉴욕 앨곤퀸 호텔에서 매일 오찬을 함께 했던 언론인, 문인, 예술인 그룹.
++ 세 사람 모두 앨곤퀸 라운드 테이블의 일원이었다.

2 라운드

애비에이션 Aviation

진을 좋아하지 않는 사람들을 위한 진 음료이자, 현대 칵테일 혁명의 토대가 된 음료들 중 하나.

칵테일 셰이커에 플리머스Plymouth 진+ 60밀리리터, 갓 짠 레몬즙 22밀리리터, 룩사르도 마라스키노 리큐어 2작은술 또는 마라스키노 리큐어 1½작은술과 크렘 드 비올레트crème de violette++ 1작은술을 얼음과 넣고 잘 흔든다. 차게 한 칵테일글라스에 걸러 따른다. **1인분**

+ 영국 해군에 공급된 진으로 향이 강하다.
++ 브랜디에 제비꽃 향을 첨가한 리큐어.

2 라운드

블러디 메리 Bloody Mary

중성 순주정neutral spirits+, 기력을 보충해주는 주스, 소금, 캡사이신, 기타 휘발성 오일 등 블러디 메리의 구성 재료를 살펴보면 그 기원이 숙취 해소라는 실체 없는 세계에 있음을 알 수 있는데, 〈에스콰이어〉가 보기에 블러디 메리는 칵테일 공화국의 선두주자는 결코 아니지만 확실히 쓸모 있는 구성원으로 남아 있긴 하다.

믹싱 통에 갓 간 서양고추냉이 1작은술의 즙을 짜 넣고 **토마토주스 120밀리리터**, **보드카 60밀리리터**, 갓 짠 **레몬즙 1½작은술**, 우스터 소스 한 번 뿌릴 분량, **타바스코 소스 3 또는 4대시**, 얼음을 넣는다. 내용물을 다른 믹싱 통에 서서히 붓고 세네 번 앞뒤로 굴린 다음 거르지 않고 콜린스 글라스에 따른다. 여기에 **소금 한 자밤**과 **신선한 고춧가루 한두 자밤**을 첨가한다. 원한다면 **레몬 웨지** 또는 셀러리 줄기로 장식한다. 꼬치를 꽂은 치즈버거나 치킨 윙, 랍스터 한 마리, 또 어떤 형태나 종류의 피자도 곁들이지 않는다. **1인분**

+ 95도 이상의 순수 알코올로 보통 다른 술과 섞어서 마신다.

2 라운드

불바르디에 Boulevardier

위스키를 기반으로 한, 네그로니의 형제격 칵테일인 불바르디에는 1920년대 파리에서 처음 만들어졌다. 네그로니 같은 신랄함은 부족하지만, 아주 약간의 리치함이 더해지면 보완된다. 라이 위스키로 만들면 더 날카로운 맛의 음료가 되는데, 그것이 바로 올드 팔Old Pal(마찬가지로 1920년대 파리에서 유래)이다.

믹싱 글라스에 **도수 높은 버번** 또는 캐나다산 위스키 **30밀리리터**, 캄파리 **30밀리리터**, 레드 베르무트 **30밀리리터**와 **부순 얼음**을 넣고 젓는다. 차게 한 칵테일글라스에 걸러 따른다. 얇게 깎은 오렌지 껍질 한 조각으로 장식한다. **1인분**

브랜디 알렉산더 Brandy Alexander

1910년 무렵 만들어진 **오리지널 알렉산더**는 크렘 드 카카오crème de cacao+와 크림, 진을 섞은 기묘한 음료였다. 브랜디 버전은 필시 진 버전의 첫 모금을 마신 지 0.0578초 만에 만들어졌을 것이다. 달콤하고 퇴폐적이지만 그럼에도 맛이 좋다. 버건디색 벨루어 터틀넥이 당신의 옷 취향이라면 브랜디 알렉산더가 바로 당신의 음료다.

칵테일 셰이커에 **브랜디 30밀리리터**, 크렘 드 카카오 **30밀리리터**, 헤비크림++ **30밀리리터**와 **얼음**을 넣고 잘 흔든다. 내용물을 차게 한 칵테일글라스에 걸러 따른다. **1인분**

+ 카카오에서 추출한 주정에 초콜릿 향을 첨가한 리큐어.
++ 유지방 함량이 36퍼센트 이상인 크림.

브랜디 알렉산더

2 라운드

브랜디
크러스타
Brandy Crusta

이 클래식 음료는 바텐더가 미국 믹솔로지의 토대인 기본 '칵–테일'⁺을 만지작거린 결과물로, 그냥 술 한 샷(아무 술이나 가능하지만 바텐더들은 프랑스 브랜디와 네덜란드 진을 선호했다)에 설탕 한 덩어리를 넣어 젓고 비터스를 1~2번 분사한 다음 물을 양껏 뿌렸다. 이 응용 칵테일은 1850년경 뉴올리언스 술집 주인 조지프 산티니가 처음 만들었다.

차게 한 칵테일글라스 테두리를 따라 **레몬 웨지**로 즙을 묻힌 다음 그 테두리를 **미립당**에 담갔다가 말린다. **레몬 ½개의 껍질**을 얇게 깎아 잔 안에 두른다. 믹싱 글라스에 **코냑 60밀리리터**, **수입산 오렌지 퀴라소***나 그랑 마르니에Grand Marnier⁺⁺ 또는 이와 약간 다른 마라스키노 리큐어 **1작은술**, **심플 시럽 ½작은술**(22쪽 단맛 내기 참조), **갓 짠 레몬즙**** 1작은술**과 **부순 얼음**을 넣고 잘 젓는다. 내용물을 준비한 잔에 걸러 낸다. **1인분**

* 미국산은 너무 약하고 너무 달며 보통 지나치게 인공적이라 만족스러운 칵테일을 만들 수 없다.
** 대부분의 현대 레시피는 레몬즙과 리큐어를 지나치게 많이 쓴다. 현대 칵테일과 달리 여기서 중점은 술의 풍미가 음료 전체에 묻히지 않게 하면서 단지 풍미를 강조하고 낯선 느낌을 부드럽게 해주는 데 있다.

⁺ 여관 주인이 음료를 젓는 스틱 대용으로 형형색색의 수탉cock 꼬리tail를 사용하면서 칵테일이란 이름이 붙었다는 설이 있다.
⁺⁺ 코냑에 오렌지 향을 첨가한 프랑스산 리큐어.

2 라운드

클로버 클럽 Clover Club

요즘은 집에서 달걀흰자로 음료를 만들어 먹는 사람이 거의 없지만, 이 경우에는 시도해볼 만한 가치가 있다. 클로버 클럽은 독특하고 맛 좋으며 도수가 세고 전혀 끈적이지 않는다. 신선한 민트 잎으로 장식해도 되지만 그렇게 하면 클로버 클럽을 클로버 리프Clover Leaf로 바꿔놓았다고 경고를 받을지도 모른다.

칵테일 셰이커에 **런던 드라이 진 30밀리리터, 드라이 베르무트 30밀리리터, 달걀 1개 흰자, 갓 짠 레몬즙 15밀리리터, 라즈베리 시럽 2작은술**과 **얼음**을 넣고 잘 흔든다. 내용물을 차게 한 칵테일글라스에 걸러 따른다. **1인분**

2 라운드

다크 앤드 스토미
Dark and Stormy

19세기 중반, 영국 해군은 수병에게 진저비어+를 배급하기 시작했다. 일부 수병들이 매일 받는 럼 대신 진저비어를 택하리라는 바람에서였다. 확실히 일부는 그랬다. 그러나 현명한 병사들은 럼에 진저비어를 부었다. 여기서 핵심은 진저비어의 스파이시함과 럼의 리치함의 정확한 비율을 정하는 것. 럼은 펑키하고 진하며 독한 것을 사용할 것. 그때그때 사용하는 브랜드에 따라 비율을 이리저리 달리해야 할 수도 있다. 진짜 버뮤다 사람이라면 다크 앤드 스토미에 라임즙은 절대 넣지 않는다. 하지만 미국에서는 그렇게 마신다(아마도 모스코 뮬++과 관련 있어 보인다). 솔직히 우리는 라임이 들어간 버전을 더 좋아하는데, 버뮤다인이 아니니 괜찮지 않을까? 실제로 우리는 셰익스피어가 작품에서 언급한 "여전히 성난 버뮤다섬"에 한 번도 가본 적이 없다.

각얼음을 가득 채운 톨 글라스에 **다크 럼*** 60밀리리터, **진저비어**** 90밀리리터, 갓 짠 **라임즙** 15밀리리터(선택 사항)를 넣는다. 잠깐 젓고 **라임 웨지**로 장식한 다음 낸다. **1인분**

* 당연히 버뮤다산 고슬링스 블랙 실Gosling's Black Seal을 선호하지만 진하고 펑키한 럼이면 어느 것이든 무방하다.
** 구할 수만 있다면 배리츠Barritt's를 사용할 것. 버뮤다산이다. 구하기 어렵다면, 진저에일이 아닌 이상 어느 진저비어든 사용할 수 있다.

+ 생강과 효모, 설탕을 첨가한 무알코올 탄산음료.
++ 보드카를 기반으로 진저비어와 라임즙을 넣은 칵테일.

2 라운드

프렌치 75
French 75

금주법 시대에 톰 콜린스를 그럭저럭 재현한 칵테일로, 취하지 않는 약한 소다수 대신 샴페인이 사용된다. 무슨 문제가 있겠는가? (손님에게 낼 때는 괜찮다는 각서를 받을 것.)

칵테일 셰이커에 **갓 짠 레몬즙 15밀리리터**와 **설탕 1작은술**을 넣고 잠깐 저은 다음, **진** 또는 VSOP등급 **코냑 45밀리리터**를 첨가한다(다른 두 부류지만 음료의 품위는 동일하다). 잘 흔들고, **부순 얼음**을 가득 채운 콜린스 글라스에 따른다. 위에 **차가운 샴페인**을 붓는다. (주의사항: 어떤 사람들은 얼음을 넣지 않은 프렌치 75를 선호한다. 이 경우에는 샴페인 플루트 잔을 사용한다.) **1인분**

2 라운드

진 리키 Gin Rickey

〈에스콰이어〉의 여름철 공식 음료. 산에 올라가 마시는 차디찬 샘물 다음으로 시원하다. 아니, 어쩌면 시원함으로는 세 번째일지도 모르겠다. 86쪽 그린 스위즐을 참조하라.

톨 글라스에 **각얼음 3 또는 4개**를 넣는다. **라임 ½개의 즙**을 짜고, 남은 라임 껍질을 잔 안에 넣는다. **진 45밀리리터**를 첨가한다. 위에 **차가운 소다수**나 셀처 탄산수를 붓는다. **1인분**

2 라운드

그린 스위즐
Green Swizzle

여름철에는 그냥 시원한 것으로는 모자라고 키 큰 톨 글라스에 담긴 시원한 음료를 원하게 된다. 목을 축여주는 모히토. 늪지대를 밀어버리듯 알싸한 진 리키. 열기를 달래주는 줄렙. 그중 가장 시원한 건 뭐니 뭐니 해도 무적의 스위즐이다.

콜린스 글라스에 플리머스나 포즈Fords 같은 **달콤한 드라이 진** 또는 뱅크스 5 아일랜드 같은 풍미 진한 화이트 럼 60밀리리터, 벨벳 팔레어넘Velvet Falernum 30밀리리터, 갓 짠 라임즙 15밀리리터, 웜우드 비터스나 압생트* 1바스푼을 넣는다. 잔에 **잘게 부순 얼음**을 채운다. **차가운 셀처 탄산수**를 부어 잔을 마저 채운다. 잔에 성에가 낄 때까지 혹은 팔이 떨어질 때까지 저어준다. **앙고스투라 비터스**를 음료 위쪽이 충분히 덮일 만큼 6~8대시 뿌린다. **민트 잔가지**로 장식하고 빨대를 곁들여 낸다. **1인분**

* 압생트를 사용할 경우, 프랑스산이나 미국산보다는 마타 하리같이 아니스가 들어가지 않은 체코 스타일을 사용할 것. 뭐든 직접 만들기를 좋아하는 사람에게 비터스는 식은 죽 먹기다. 말린 약쑥 15그램 정도를 제이 레이 앤드 네퓨J. Wray & Nephew 화이트 오버프루프 럼+ 2컵[480ml]에 이틀 동안 담근 다음 커피 필터에 걸러 병에 담는다.

+ 알코올도수가 높은 럼.

2 라운드

핫 버터드 럼
Hot Buttered Rum

이 음료는 아마 동부 연안 지역에 정착한 10세대 미국인들만 이해하는 것일 테지만, 눈이 미터 단위로 쌓이고 수은주가 얼어붙을 때는 어쨌든 효과가 있다. 반드시 구할 수 있는 것 중 가장 진하고 가장 리치한 자메이칸 럼 또는 데메라라 럼을 사용한다. 물 대신 사과주를 사용하고 계피와 정향 간 것을 섞어서 ⅛작은술을 첨가해도 되지만, 그러면 단순 그 자체인 이 음료의 성격과 멀어진다. 진정한 순수주의자라면 모든 재료를 머그컵에 넣고 김이 피어오를 때까지 시뻘건 부지깽이를 집어넣는다. 속이 아주 만족스럽게 풀어지지만, 세 잔째 마시고 나면 더는 그렇지 않을 것이다.

머그잔에 **뜨거운 물**을 조금 붓고 **각설탕 2개**를 녹인 다음, **다크 럼 60밀리리터**와 **무염 버터 한 덩어리**를 넣는다. 머그잔에 뜨거운 물을 채우고 버터가 녹도록 젓는다. 그것만으로는 아쉽다는 생각이 들면 위에 **신선한 육두구**를 조금 갈아 뿌린다(우리는 일반적으로 육두구 가루 없이 만든다). **1인분**

2 라운드

아이리시 커피
Irish Coffee

아이리시 커피가 전 세계에 진출하는 데는 설득도 권유도 하등 필요 없다. 제대로 만들어진 이 음료를 한번 맛보면 그 존재감이 잊히지 않는다. 춥거나 피곤하거나 약간 우울할 때 마시면 도움이 된다.

유기농 헤비 크림(순수한 크림 종류가 좋다) **½컵[120ml]**을 볼에 넣고 휘젓거나 빈 칵테일 셰이커에 넣고 격렬하게 흔들어서 살짝 거품이 일도록 한다. 거품이 생긴 크림을 한쪽에 둔다. 런던 도크 유리잔*에 **데메라라 설탕** 또는 터비네이도 설탕 **1작은술**을 넣는다. **뜨거운 블랙커피 90~120밀리리터**를 추가하고 저어 설탕을 녹인다. 레드브레스트Redbreast 또는 부시밀스Bushmills, 블랙 부시Black Bush, 파워스 Powers 같은 **풀 바디의 아이리시 위스키 45밀리리터**를 추가한다. 위에 아까 만든 휘핑크림을 2.5센티미터 두께로 얹는다. 웃음이 절로 나온다. **1인분**

* 아이리시 위스키를 담아낼 때 사용하는 잔. 다리가 두툼하며, 고사리손으로 들기에도 터무니없이 작은 손잡이도 달려 있다.

2 라운드

잭 로즈 Jack Rose

이 음료의 기반은 애플잭applejack+으로 장밋빛 분홍색을 띤다. 이름에 걸맞게 목 넘김이 부드럽고 달달하며 상당히 기만적인 음료다. 홀짝홀짝 마셔서는 애플잭은 고사하고 어떤 종류의 술이 들어 있는지도 알아차릴 수 없다.

칵테일 셰이커에 **애플잭 60밀리리터, 갓 짠 라임즙 30밀리리터, 그레나딘++ 15밀리리터와 부순 얼음**을 넣고 잘 흔든다. 차게 한 칵테일글라스에 걸러 따른다. **1인분**

+ 애플 사이다를 이용하여 만든 사과 브랜디.
++ 칵테일용 석류 시럽.

2 라운드

마이타이 Mai Tai

오, **마이타이**를 만들기까지 얼마나 시행착오를 거쳤던가. 그러나 실험이 성공리에 끝나면…….

칵테일 셰이커에 **다크 럼 60밀리리터**, **수입산 오렌지 퀴라소 15밀리리터**, **갓 짠 라임즙 30밀리리터**, **아몬드 시럽 15밀리리터**, **얼음 사탕 시럽 1작은술**(22쪽 단맛 내기 참조)과 **얼음**을 넣고 잘 흔든다.
큰 콜린스 글라스(물론 티키 머그잔+도 가능)에 거르지 않고 따른다. 즙을 짜낸 **라임 반쪽**과 **신선한 민트 잔가지**로 장식한다. **1인분**

+ 미국 티키 바와 열대 지역을 테마로 한 레스토랑에서 유래한 도자기 잔.

2 라운드

모히토 Mojito

쿠바인이 만든 모히토는 깔끔하고 단순한 음료로 별다른 수고나 야단법석을 떨지 않고도 상당한 양을 마시게 만든다. 불행히도 다른 나라 사람들은 괜히 음료를 복잡하게 만들려고 안달이 난 것 같다. 그럴 필요 전혀 없다.

자그마한 콜린스 글라스에 **갓 짠 라임즙 15밀리리터**와 **미립당 ⅓~1작은술***을 넣고 젓는다. **신선한 민트 잎 서너 장**을 넣고 머들러로 살짝 찧는다. 잔에 **부순 얼음**을 ⅔ 정도 채우고 **풍미 진한 화이트 럼**** **45밀리리터**를 붓는다. 위에 **차가운 소다수** 또는 셀처 탄산수를 뿌리고 **민트 잔가지**를 꽂는다. 젓는 막대와 함께 낸다. **1인분**

* 단맛 선호도에 따라 양을 조절한다. 우리는 약간 시큼한 맛을 좋아한다.
** 아바나 클럽 3년산이 이상적으로, 미국에서도 이제는 직접 가지고 입국해도 법에 저촉되지 않는다.

2 라운드

모스코 뮬 Moscow Mule

대표적인 보드카 칵테일. 이유는 간단하다. 미국 최초의 대형 보드카 브랜드인 스미노프가 공격적으로 마케팅했기 때문이다. 1940년대와 50년대에 전문 바텐더들은 이 칵테일을 싫어했지만 사족을 못 쓰는 사람들도 좀 있었다. 적어도 모스코 뮬은 만들기 쉽고 목 넘김이 매끄러우며 상쾌한 청량감을 준다. 단독으로 마시면 전혀 해가 없고, 이후 나온 수많은 칵테일과 비교하면 실제로 우아하기까지 하다.

콜린스 글라스(또는 모스코 뮬 머그잔)에 **갓 짠 라임즙 15밀리리터**를 넣고 짜고 남은 라임 껍질 하나를 안에 띄운다. **각얼음 2 또는 3개**를 넣은 다음 **보드카 60밀리리터**를 붓고 위에 **차가운 진저비어**(무슨 상관이냐고 할지 몰라도 진저에일은 안 된다)를 뿌린다. **1인분**

최초의 멋들어진 보드카 칵테일

그런데 최초의 멋들어진 보드카 음료는 모스코 뮬이 아니다. 최초라는 타이틀은 블루 먼데이Blue Monday 에게 돌아가는데, 1930년 영국 사보이 바 책자에 처음으로 기록되었다. 블루 먼데이는 유럽에서 꽤 인기를 끌었던 듯하며, 보드카에 트리플 섹의 상위 브랜드인 쿠앵트로 또는 화이트 퀴라소를 한 번 끼얹고 파란색 식용 색소를 넣는다. 퀴라소와 색소를 미리 섞는 간단한 공정을 통해 파란색 퀴라소가 만들어지는데, 최초의 진정한 인공 리큐어라 할 수 있다(이 세상에 진청색 오렌지 품종이 있다는 소리는 듣도 보도 못했으므로).

페구 클럽

2 라운드

페구 클럽 Pegu Club

대영제국의 멀리 떨어진 전초기지들 중 미얀마 양곤의 페구 클럽만큼 머나먼 곳은 좀처럼 찾아보기 어렵다. 프롬 로드와 늋린 로드가 만나는 모퉁이에 있는 바로 그곳 말이다. 무타이가 컨트리클럽이나 옥타카문드 클럽과 달리 페구 클럽은 진(당연한 재료)과 라임즙, 오렌지 퀴라소, 그 밖에 이런저런 두어 가지 재료를 즐겁고 상쾌하게 섞어 믹솔로지 역사에 이름을 올렸다. 오렌지 퀴라소 대신 그랑 마르니에를 넣어도 된다.

칵테일 셰이커에 **런던 드라이 진 60밀리리터**, **수입산 오렌지 퀴라소 22밀리리터**, **갓 짠 라임즙 15밀리리터**, **앙고스투라 비터스 1대시**, **오렌지 비터스 1대시**와 얼음을 넣고 잘 흔든다. 차게 한 칵테일글라스에 내용물을 걸러 따르고 **라임 휠**로 장식한다. **1인분**

피스코 사워 Pisco Sour

피스코 사워는 페루의 국민 음료이자 세계 최고의 칵테일 중 하나다. 이 음료는 익명의 칵테일 전문가가 칵테일 셰이커와 그 올바른 사용방법을 페루에 소개하면서 생겨났다. 그때가 1903년 이전으로 이 시기에 피스코 사워가 처음 문헌에 등장했다. 페루에서 사워용으로 선호하는 피스코 스타일—지역의 스테인리스 스틸 탱크에서 숙성한 포도 브랜디—은 알콜라도acholado로, 향이 진한 포도와 중성적인 풍미의 포도를 섞어 만든 것이다. 꽃 풍미가 더 풍부한 사워를 만들려면 '이탈리아' 스타일을 사용한다.

칵테일 셰이커에 **피스코 60밀리리터**, **갓 짠 라임즙 22밀리리터**, **심플 시럽 22밀리리터**(22쪽 단맛 내기 참조), **달걀 1개 흰자**와 **부순 얼음**을 넣고 잘 흔든다. 차게 한 큰 칵테일글라스에 내용물을 걸러 따른다. 거품 위에 **앙고스투라 비터스 3~4방울**을 첨가한다. **1인분**

2 라운드

라모스 피즈
Ramos Fizz

라모스 피즈는 주변에 널린 재료로 후다닥 만들 수 있는 음료는 아니다. 제조 공식의 하나하나가 다 중요하다. 달걀흰자는 바디감을 주고 크림은 부드러움을 더하며 감귤류는 시원함을 부여한다. 설탕은 시트러스의 신맛을 달래고 진은 마땅히 할 일을 해내며 셀처 탄산수는 그 모든 것을 깨어나게 한다. 오렌지 플라워 워터로 말할 것 같으면, 글쎄 그건 미스터리다.

칵테일 셰이커에 **갓 짠 레몬즙 15밀리리터**, **갓 짠 라임즙 15밀리리터**, **미립당 2 작은술**을 넣는다. 설탕이 녹도록 저어준다. **런던 드라이 진**이나 플리머스 진(아주 부드러운 진이 좋다) **45밀리리터**, **헤비 크림 30밀리리터**, **달걀 1개 흰자**, **오렌지 플라워 워터* 2~3방울**을 추가한다. 셰이커를 얼음으로 채우고 적어도 1분 동안(2분 권장) 격렬하게 흔든 다음, **차가운 소다수**나 셀처 탄산수 30밀리리터가 들어 있는 차가운 콜린스 잔에 내용물을 걸러 따른다. 필요할 경우 소다수를 위에 더 붓는다. **1인분**

* 오렌지 플라워 워터 대신 오렌지주스나 오렌지 리큐어, 오렌지 관련 음료를 굳이 사용하지 말 것. 과일 향과 상관없는 향도 있기 때문이다. 또한 크림 대신 하프 앤드 하프+도 사용하지 말 것. 진의 경우, 예전 레시피들 중에는 올드 톰Old Tom 진을 사용하라고 권하는 것도 있다. 만약 이 진을 쓴다면 설탕 양을 한두 눈금 줄인다.

+ 우유와 크림을 섞어 유지방 함유량이 10~12퍼센트가 되도록 만든 것.

2 라운드

렘젠 쿨러
Remsen Cooler

어떤 이들은 이 음료를 스카치 음료라 하고 또 어떤 이들은 진 음료라 한다(후자가 맞다). 적어도 모든 사람이 제조 형태에 대해서는 이견이 없다—길게 깎은 레몬 껍질이 든 잔에 진을 넣고 얼음과 소다수를 첨가한다. 아니면 진저에일을 넣어도 되고 혹은 설탕을 넣기도 한다. 그럼 레몬 껍질은? 대신 오렌지를 사용해도 된다. 다 좋은데, 그러다보니 렘젠 쿨러의 정체성 문제가 생긴다. 하지만 어떤 재료를 사용하든 맛은 좋다.

레몬 1개의 껍질을 (칵테일 빌 부스비가 1908년에 말했듯이) "사과 깎듯이" 하나의 긴 나선 모양으로 깎는다.*
하이볼 글라스에 껍질을 넣고 **진 60밀리리터**와 **미립당 ½작은술**을 넣는다(올드 톰을 사용하지 않을 경우 대신 그 효과를 얻기 위해). 내용물을 저어 설탕을 녹이고 레몬 껍질을 잔에 대고 짓이긴다. 그다음 **각얼음 2 또는 3개**를 넣고 **차가운 소다수**나 셀처 탄산수를 위에 붓는다. **1인분**

* 천만다행히 매 잔마다 껍질을 새로 깎을 필요는 없다. 레몬 하나로도 두세 번 만들기에 족하다.

2 라운드

롭 로이 Rob Roy

이 칵테일은 단순히 라이 위스키를 스카치위스키로 대체한 맨해튼이다(18세기 인물인 롭 로이는 스코틀랜드의 국민 영웅이다). 어쩌면 조금 생소하겠지만 결국에는 상당한 기쁨을 준다.

믹싱 글라스에 블렌디드 스카치위스키 60밀리리터, 이탈리안 베르무트 30밀리리터, 앙고스투라 비터스 1대시와 **부순 얼음**을 넣고 잘 젓는다. 내용물을 차게 한 칵테일글라스에 걸러 따르고 맨해튼을 장식하듯이 **체리 한 알**이나 오렌지 껍질 조각으로 장식한다. **1인분**

2 라운드

러스티 네일
Rusty Nail

러스티 네일은 호사스러운 재료(드램부이Drambuie는 싸지 않다)와 집 같은 안락함(리큐어와 얼음은 술이 가진 낯선 느낌을 부드럽게 누그러뜨린다)이 믿고 마시는 레시피와 만나 이루어진 음료다(이 음료는 정말 망칠 일이 없다. 너무 달면 스카치위스키만 더 넣으면 된다). 여기서 양은 대략적인 비율이다. 50 대 50은 우리에게는 너무 달지만 어떤 사람들은 이 비율을 철석같이 믿는다. 우리는 스카치위스키 60밀리리터와 드램부이 15밀리리터로 시작해 양을 늘려가기를 추천한다(물론, 이대로 하든지). 재료를 쌓아올리듯이 계속 추가하려고 하는 사람도 있는데, 그럼 안 된다.

스카치위스키* 60밀리리터와 **드램부이** 15밀리리터를 더블 올드 패션드 글라스에 붓고 **얼음**을 많이 넣는다. 내기 전에 젓는다. **1인분**

* 블렌디드 스카치는 전통 위스키지만 조니 워커 블랙, 듀어스 12Dewar's 12처럼 품질이 좋은 것을 쓰도록 한다. 절로 무릎을 치게 된다.

음주인 성명서

바가 갖춰야 할 조건은? 바텐더가 갖춰야 할 자격은?
음료 한 잔 만드는 데 얼마나 시간이 소요되는가?
그렇다면 좋은 음료를 만드는 요소는?
여기 이런 질문들에 대한 답과 지침, 의견이 있다.

①
음주는 즐거움이다.

②
음주는 이야기하기,
화장실 가기,
남의 대화 엿듣기 등
술을 마시는 동안
우리가 하는 모든 것이다.

③
크래프트 칵테일은 만드는 데
시간이 오래 걸리는 편이다.
믹솔로지.

④
크래프트 칵테일을
마실 수 있는 곳에서는
첫 잔을 다 마시기 전에
두 번째 잔을 주문해도 된다.
물류 관리.

⑤
바는
믹솔로지를 펼치는
신전이 아니다.

⑥
음주자는
애원하는 사람이
아니다.

⑦
하지만 믹솔로지 신전의 바텐더가
당신이 주문한 맨해튼 절반을 다른 용기에 따르고
그 용기를 부순 얼음이 든 그릇 안에 넣은 다음,
당신의 맨해튼 잔 옆에 놓는다면? 칭송받아 마땅하다.
차디찬 칵테일은 언제나 그럴 자격이 있다.

⑭
홈메이드 비터스—우리 모두
집에 가지고 있는—를 넣다니,
생각하면 웃음이 날 수 있지만
이건 알아두어라.
홈메이드 비터스는 끝내준다.
게다가 음료 맛이 좋아진다.

⑧
그런데 때로는
크래프트 칵테일이
당기지 않을 때가 있다.
이따금 별반 맛있게 느껴지지
않기 때문이다.
때로 비가 내리고
비행기는 지연되고
거주지와 두어 시간 시차가
나는 곳에 있을 때
우리는 그저
적갈색 조끼를 입은 여자가
바 뒤에서 토닉이 든 잔에
진을 따라주길 바랄 뿐이고,
그저 그걸 마시며
미소를 짓고 집 생각을 하고
싶을 뿐이다.

⑩
화장실 낙서를
누가 하는지는
모르겠지만
그 노력은 가상하다.

⑮
잠깐, 그렇다고 바텐더가
굳이 비터스를 만드는 수고를
하진 않는다. 왜냐면 그들은
손님이 마시는 술 맛을
신경쓰지 않으니까.

⑪
바에 간다고 항상 기분이
나아지는 건 아니다.
오히려 더 나빠질 수도 있다.

⑯
최고의 바텐더는
스피릿에 대해
이러쿵저러쿵하지 않는다.

⑫
술이 기분을 나아지게
해줄 수 있다. 왜냐면
술은 알코올로 만들어지고
알코올이 바로 약이니까.

⑰
바텐더가
음료를 만들어주면서
당신에게 생색을 내고 있다는
느낌이 조금이라도 든다면,
바 번지수를
잘못 찾은 것이다.

⑨
바텐더는
손님을 잘 살펴야 한다.
그리 많지 않은 사람들을
응대하면서도
바텐더가
손님의 잔이 비었는데
한 잔 더 하겠냐고
묻지 않는다면
그 바텐더는
몹쓸 바텐더다.

⑬
때때로
바텐더의 콧수염은
그냥 콧수염이다.
보통은 그렇지 않지만,
때로는 그렇다.
당신이 있는 바가 어떤
종류의 곳이냐에 달렸다.

⑱
몇몇 경우를 제외하면,
최고의 바텐더는
미소 짓는 바텐더다.
왜냐면
음주는 즐거움이니까.

2 라운드

사제락 Sazerac

때로는 몸속에 불을 지피기 위해 차가운 음료가 필요한 법. 뉴올리언스의 유명한 사제락만큼 그 역할을 잘 수행하는 칵테일도 거의 없다. 진하고 풍부하며 상쾌한 한 모금은 속을 덥히는 힘을 지녔으며 실제로 조금도 추위가 느껴지지 않게 만든다. 그러나 다시 한 번 말하지만, 뉴올리언스는 뭔가 사악한 곳이다.

작은 록스 잔을 냉동실에 넣어 차게 한다. 믹싱 글라스에 **각설탕 1개, 페이쇼드스 비터스**Peychaud's Bitters **3대시**(대체할 재료는 없다), **물 1바스푼**을 넣고 설탕이 녹을 때까지 으깬다. 잔을 **부순 얼음으로** 채운다. **스트레이트 라이 위스키* 60밀리리터**를 넣고 젓는다. 차가워진 록스 잔을 꺼내고 **압생트를 1바스푼**가량 붓고 휘저은 다음 따라버린다. 믹싱 글라스의 내용물을 압생트로 헹군 록스 잔에 걸러 따르고 얇게 깎은 **레몬 껍질 한 조각**을 트위스트로 만들어 위에 떨어뜨린다. 미소를 지으며 낸다. **1인분**

* 바람직한 순서: 리튼하우스Rittenhouse 100프루프, 와일드 터키Wild Turkey+(버번이 아닌 라이), 사제락 위스키, 올드 오버홀트Old Overholt++.

+ 아이젠하워 대통령이 즐겨 마셔서 유명해진 위스키.
++ 대표적인 스트레이트 라이 위스키 제품으로 담백한 풍미가 인상적이다.

2 라운드

사이드카 Sidecar

칵테일 가계도에서 사이드카는 위대한 구세주 중 하나로 꼽힌다. 1918년경 프랑스에서 탄생한 사이드카는, 금주법으로 인한 결핍에서 잠시 벗어나기 위해 유럽 땅을 밟은 미국 여행객들을 두 팔 벌려 반겨주었다. 사이드카를 통해 미국인들은 음료를 섞는 섬세한 기술이 그 빛나는 과거에 맞먹는 미래를 일구어나갈 것이라고 확신하게 되었다. 그윽한 양질의 코냑으로 만들어진 사이드카는 비할 데 없이 세련된 칵테일로 만들기 간단하면서도 은근히 도수가 세다.

차게 한 칵테일글라스 테두리를 **레몬 웨지**로 문지른 다음, 설탕 접시에 축축한 테두리를 찍고 말린다. 칵테일 셰이커에 **VSOP등급 코냑 45밀리리터**, **쿠앵트로 22밀리리터**, **갓 짠 레몬즙 15밀리리터**와 **얼음**을 많이 넣고 잘 흔든다. 준비한 칵테일글라스에 내용물을 걸러 따른다. **1인분**

2 라운드

싱가포르 슬링
Singapore Sling

논란이 많은 이 클래식 칵테일의 레시피는 존 켈리라는 사람이 쓴 1948년 칵테일 가이드에서 유래했다. 존 켈리는 상하이에서 주류 수입업을 하던 누가 봐도 견실한 사람으로 이후 일본인들에게 쫓겨났다. 미국에 돌아온 켈리는 싱가포르 래플스 호텔의 실력 있는 사람들에게서 슬링 레시피를 직접 전수받았다고 주장했다. 그를 의심할 이유가 전혀 없는데다 간단함과 맛이라는 두 가지 이점을 얻을 수 있으니 우리는 그 말을 믿으련다. 수년이 지나 래플스 호텔은 끈끈한 과일주스나 다름없는 슬링을 내놓았다. 하지만 적어도 켈리가 그곳에 있었을 때는 정도를 지켰다.

톨 글래스에 **런던 드라이 진**(비피터 또는 탱커레이) **45밀리리터**, **체리 히어링**Cherry Heering+ **45밀리리터**, **갓 짠 라임즙 15밀리리터**를 넣는다. 얼음을 넣고 저은 다음, **차가운 셀처 탄산수 30밀리리터**를 붓는다. 그 위에 **플리머스 슬로 진**sloe gin++ **15밀리리터**를 붓고 **라임 휠**로 장식하여 빨대와 함께 낸다. **1인분**

+ 체리를 원료로 만든 덴마크산 리큐어.
++ 야생 자두를 진에 담가 만든 리큐어.

2 라운드

타이 펀치 Ti' Punch

단순함과 전통, 그리고 단도직입적으로 맛을 고려할 때 올드 패션드 잔에 담을 수 있는 음료는 몇 안 된다. 이 칵테일은 그중 하나다. 럼 아그리콜rhum agricole*의 고장인 마르티니크와 과들루프+에서는 타이 펀치가 매일 일정양의 럼을 마시는 방법으로 선호된다. 타이ti'는 그곳 말인 크레올어로 '작다'는 뜻이다. 그러나 조심할 것! 이름에 '작다'란 말이 들어 있는 음료는 이를테면 '타이니Tiny'라고 불리는 녀석과 비슷하다. 케그 통 옆에 서 있는, 자칫 토목 장비로 오인되는 사람 말이다.

라임을 측면으로 지름 2.5센티미터 원반 모양으로 잘라내 소량의 과육을 얻는다. 올드 패션드 글라스에 **럼 아그리콜 60밀리리터**. 원반형으로 잘라낸 라임을 잘 짠 즙(껍질을 아래로 해서 즙을 짠 다음 라임을 잔 안에 떨어뜨린다), 단맛 선호도에 따라 **사탕수수 시럽**** 1작은술~1큰술**을 넣고 녹을 때까지 젓는다. **각얼음 1 또는 2개**를 넣고 다시 저은 다음 마신다. (많은 사람들에게 타이 펀치를 만들어줄 때는 마르티니크인들이 하듯이 "각자 자신의 죽음을 준비하라" 방법이 최고다. 그냥 라임을 원반형으로 잔뜩 잘라 그릇에 담고 럼 아그리콜 병, 사탕수수 시럽, 얼음통과 함께 쟁반에 놓는다. 여기에 어울리는 잔과 바스푼 한두 개를 추가하면 손님 맞을 준비가 된 셈이다.) **1인분**

* 직역하면 '농업 생산 럼'인 럼 아그리콜은, 대부분의 럼과 달리 사탕수수 당밀이 아닌 신선한 사탕수수 즙에서 증류한다. 드라이하고 풀향이 나며 다른 데서는 얻기 힘든 펑키한 날카로움이 있다. 마르티니크에서는 보통 알코올 50퍼센트인 화이트 버전을 이 음료에 전통적으로 사용하지만, 숙성된 럼 역시 제 역할을 잘 해낸다. 네송Neisson이나 J.M., 라 파보리트La Favorite를 구할 수 있다면 탁월하겠지만, 클레망Clément도 알코올 50퍼센트인 양질의 럼이며 널리 구하기 쉽다.
** 카리브해 또는 딥 사우스++ 주민에게 친숙한 사탕수수 시럽은 다른 곳에서는 찾기 힘들다. 대체품으로 우리가 제안할 수 있는 유일한 방법은 물 ½컵[120ml]와 비정제 설탕 1컵[200g]을 끓여 식힌 다음 병에 담고 냉장고에 보관하는 것이다.

+ 두 곳 모두 카리브해에 위치한 프랑스령 섬.
++ 미국 남동부.

2 라운드

톰 앤드 제리
Tom and Jerry

톰 앤드 제리는 한 세기 동안 사랑을 받은 홀리데이 칵테일이었다. 1960년대, 새로움에 대한 갈증과 편리함에 대한 열광이라는 시대 분위기에서 이 칵테일은 사장되었지만 지금도 금박으로 'Tom & Jerry'라고 새겨진 작은 흰색 도자기 잔을 외딴 동네의 중고품점(물론 이베이에서도)에서 구할 수 있다. 이 칵테일은 연습과 어느 정도 손재주가 필요하지만, 그 정도 노력은 할 가치가 있다.

달걀 12개의 흰자와 노른자를 분리한다. 달걀흰자를 된 거품이 생길 때까지 치댄다. 다른 그릇에 든 노른자에 **설탕 1컵[200g]**을 넣고 전문가가 권장하는 대로 "물처럼 묶어질 때까지" 치대다가 **브랜디 120밀리리터**를 천천히 부어준다(향신료 애호가들은 올스파이스, 계피, 정향 가루를 한 자밤씩 첨가하기도 한다). 노른자 혼합물에 흰자를 천천히 섞어준다. 칵테일을 낼 준비를 할 때 이 베이스 용액을 다시 저은 다음, 1큰술을 떠서 작은 머그나 텀블러에 담는다. **브랜디 30밀리리터**(일부 완고한 남부 민주당 탈당파는 버번을 더 좋아하기도 하지만)와 **자메이칸 럼 30밀리리터**를 넣고 계속 저어 액체와 고체로 분리되지 않도록 한다. **뜨거운 우유***를 잔 맨 위까지 붓고 거품이 생길 때까지 젓는다. **신선한 육두구**를 강판에 조금 갈아 위에 뿌린다. **1인분**

* 우유 때문에 배가 부르다는 사람도 있는데, 그렇다면 뜨거운 우유 반, 끓는 물 반을 사용한다.

베스퍼

2 라운드

베스퍼 Vesper

《카지노 로열》에서 제임스 본드가 자신의 마티니에 붙인 이름인 베스퍼는 칵테일계의 숀 코널리다. 부드러우면서 사근사근하지만 사악한 자극이 없진 않다. 그러나 일반적인 방식으로 만들면 이런 특성은 없다. 그렇다면 바꿔보자. 007이 요구하듯이 내용물을 흔들면 묽고 불만족스러운 질감이 나온다. 대신 저으면 푸시 걸로어+의 잠옷처럼 부드러워진다. (우리는 이 레시피에 두 가지 작은 수정을 가했다.)

믹싱 글라스에 **탠커레이 진 90밀리리터**, **100프루프 스톨리치나야**Stolichnaya **보드카++ 30밀리리터**, **코키 아메리카노** Cocchi Americano **15밀리리터** 또는 고급 토닉워터 1바스푼을 더한 릴레* 15밀리리터를 붓고 **부순 얼음**을 많이 넣어 잘 젓는다(굳이 흔들어야겠다면 흔들어라. 하지만 교활한 정부 관리와 열 세대를 이어내려온 미국 바텐더들 중 누구를 믿겠는가?). 내용물을 차게 한 칵테일글라스에 걸러 따르고 **얇게 깎은 레몬 껍질 큰 조각 하나**를 트위스트로 만들어 위에 띄운다. 마신다. 사악한 악당을 쏴라. **1인분**

* 이언 플레밍+++이 요구했던 릴레는 현재 버전보다 퀴닌++++ 함량이 더 높았던 듯하다. 코키는 날선 쓴맛이 있다.

뷰 카레 Vieux Carre

월터 베르제론은 금주법이 선포되기 전 몇 년간 뉴올리언스의 몬텔리언 호텔 바에서 일했다. 금주법이 폐지된 후 호텔은 그를 다시 영입했다. 그는 복귀하면서 새로운 음료를 가져왔으니, 그 후 이 칵테일은 뉴올리언스의 클래식이 되었다.

믹싱 글라스에 **VSOP등급 코냑 30밀리리터**, **라이 위스키 30밀리리터**, **스위트 베르무트 30밀리리터**, **베네딕틴 1바스푼**, **앙고스투라 비터스 1대시**, **페이쇼드스 비터스 1대시**와 **부순 얼음**을 넣어 젓고 내용물을 **차게 한** 칵테일글라스에 걸러 따른다. **얇게 깎은 레몬 껍질 한 조각**을 트위스트로 만들어 음료 안에 떨어뜨린다. **1인분**

+ 본드 걸 중 한 명.   ++ 러시아산 보드카.   +++ 영국 스파이 소설 '007시리즈'의 작가.
++++ 생약인 키나 껍질의 주성분인 알칼로이드.

2 라운드

워드 에이트 쿨러
Ward Eight Cooler

이 보스턴 클래식 칵테일은 보통 소다수 없이 스트레이트로 마시지만, 뛰어난 쿨러 역할을 한다.

칵테일 셰이커에 **스트레이트 라이 위스키 60밀리리터**, 갓 짠 오렌지즙 22밀리리터, 갓 짠 레몬즙 15밀리리터, 석류 주스 1작은술을 넉넉히 넣고 여기에 **부순 얼음**을 많이 넣어 잘 흔든다. 견고한 잔에 얼음을 포함한 모든 내용물을 거르지 않고 따르며 **차가운 소다수**를 부어 마무리한다. **1인분**

2 라운드

화이트 러시안
White Russian

사촌격인 브랜디 알렉산더처럼 화이트 러시안은 안에 들어 있는 많은 양의 알코올이 아주 효과적으로 은폐되기 때문에 아무런 저항감 없이 술술 들어간다. 어떤 사람들은 온더록스로 위에 크림을 띄워 즐긴다.

칵테일 셰이커에 **보드카 45밀리리터**, **칼루아 22밀리리터**, **헤비 크림 22밀리리터**와 **얼음**을 넣고 잘 흔든다. 내용물을 차게 한 올드 패션드 글라스에 걸러 따른다(마티니 잔에 따르는 것보다 덜 사악해 보인다. 그 점이 중요). **1인분**

아내와의
술 한 잔

배리 소넌펠드

여느 때와 다름없는 저녁, 절기에 따라 스위티(아내)와 나는 술을 좀 마신다. 4시쯤 나는 작업실로 가서 아내에게 1시간 뒤 그날 밤 마시고 싶은 술을 물을 테니 지금부터 생각해보라고 미리 일러둔다. 30분 뒤, 나는 아내에게 다시 한 번 상기시키고 5시에는 어떤 것으로 결정했는지 묻는다. 어김없이 아내는 30분 더 생각할 시간이 필요할 것이다. 어느 시점에 나는 아내가 빨리 결단을 내리도록 그날 저녁 나의 선택을 알려주는데 그것도 아내의 최종 선택에 따라 종종 바뀐다.

우리 부부에게 '마티니'란 대략 셰이커에 잔뜩 든 술을 내가 미친 듯이 흔들어야 한다는 의미를 지닌다. (옥소에서는 보온병처럼 이중 구조여서 손에 동상을 입지 않고도 오래 흔들 수 있는 뛰어난 셰이커를 만든다.) 우리가 진정으로 추구하는 것은 아름다운 잔에 든 차가운 술이다. 아마도 보드카나 테킬라(아녜호 또는 실버) 정도. 겨울이면 나는 드라이한 롭 로이(스카치위스키와 드라이 베르무트를 넣고 트위스트로 장식)를 마실 수도 있다. 반면, 스위티는 오이 줄기와 함께 제공되는 헨드릭스 진 마티니를 마음에 들어 한다. 나는 아내가 취하면 난폭하게 주정을 부릴까 두려워 진에서 관심을 끄게 하려고 애썼지만 지금까지는 별 탈이 없었다. 아내는 술을 마시면 기분이 좋다. (그건 아홉 살 된 로디지안 리즈백[+]도 마찬가지. 우리 개는 칵테일 시간에 파블로프의 조건반사를 보인다. 잔을 차게 하려고 얼음을 잔뜩 떠서 잔에 담는 소리가 들리자마자 벌떡 일어나 바bar로 와서 각얼음을 먹는다. 나는 얼음은 착한 짓을 해야 먹는 거라고 누누이 말하긴 했지만.)

샴페인을 마시기로 결정하면 끝없는 좌절감이 몰려온다. 우리 집에는 샴페인 플루트 잔이 스타일별로 많지만 내가 무엇을 고르든 스위티가 그날 밤 원하는 스타일은 아니다. 최근에는 각기 다른 세 가지 잔을 바에서 가져갔는데 아무것도 아내의 마음에 들지 않았다. 아내가 매일 고르는 술은 정작 마시고 싶은 술이 아닌, 들고 싶은 잔을 무의식중에 반영한다는 것을 나는 차츰 깨닫기 시작했다. 나의 술 선택은 내게 소중한 것을 반영한다. 고로 나는 아내가 마시는 것을 마신다.

[+] 남아프리카산 사냥개.

2 라운드

Zombie

1950년대 **티키 문화**+가 크게 유행할 즈음, 좀비 칵테일은 손님 한 명당 딱 두 잔만 허용되는 그 사악함에도 불구하고 도처에서 유명세를 탔다. 불행히도 그렇다고 좀비가 맛이 좋다는 의미는 아니었다. 사실 그 반대다. 그러나 상관없다. 어쨌든 때로 마시고 싶은 충동이 일기도 하니. (레시피에 나오는 주스는 믹솔로지스트인 데이비드 엠버리가 말하듯 "미스터리한 재료"다. 파인애플 주스, 패션 프루트 넥타, 코코넛 밀크, 살구나 체리 브랜디 등 이쪽 분야의 러미라Romilar++는 무엇이든 가능하다.)

칵테일 셰이커에 **골든 럼 45밀리리터, 다크 럼 30밀리리터, 화이트 럼 15밀리리터, 갓 짠 라임즙 30밀리리터, 파인애플 주스 1작은술, 파파야 주스 1작은술, 미립당 1작은술**을 넣고 **얼음**을 많이 더해 잘 흔든다. 부순 얼음이 ¾가량 채워져 있는 420밀리리터 유리잔에 내용물을 걸러 따른다. **151프루프 럼 15밀리리터**를 스푼에 대고 부어 표면 아래로 서서히 떨어지게 해서 음료 위쪽에 떠 있도록 한다. 그러고서 만약 마음이 동한다면 이 혼합물에 성냥불을 갖다대본다. 불이 붙을 것이다. **신선한 민트 잔가지**(가지를 그대로 넣거나 라임즙에 담근 다음 미립당을 뿌린다)와 과일 또는 둘 중 하나로 장식한다. (특별히 매력적으로 꾸미는 방법: 이쑤시개에 마라스키노 체리 2개와 그 사이에 레몬이나 파인애플 조각을 끼운 다음 음료 위에 이 과일 꼬치를 담가서 낸다.) 빨대를 꽂아 내고, 두 잔을 다 마시면 해먹을 제공한다. 세 잔 이후에는 들것을 준비하라. **1인분**

+ 티키는 마오리 족 신화 속 최초의 인간으로, 20세기 중반 미국에서 티키 신화와 조각을 차용해 폴리네시아식으로 꾸민 음식점과 클럽이 많이 등장했다.
++ 아편계 알칼로이드 합성물인 비마약성 진해물.

3라운드

놀라울 정도로 맛있는 독특하고 창조적인 칵테일

3 라운드

에이스 오브 클럽스

Ace of Clubs

이 **1930년대** 버뮤다풍 음료의 오리지널 레시피는 크렘 드 카카오를 30밀리리터 가득 필요로 한다. 그런데 아니다. 꼭 그래야 하는 건 아니지만 앙고스투라 비터스 4방울(대시 아님)을 음료 위에 조심스럽게 떨어뜨리면, 무시하지 못할 특별한 뭔가가 더해진다. 가지고 있다면, 바베이도스 럼도 사용해볼 것. 부드럽고 매혹적이며 지나치게 달지 않다.

칵테일 셰이커에 **골든 럼 60밀리리터**, **화이트 크렘 드 카카오 15밀리리터**, **갓 짠 라임즙 15밀리리터**, **심플 시럽 ½작은술** (22쪽 단맛 내기 참조)과 **얼음**을 넣고 잘 흔든다. 차게 한 칵테일글라스에 내용물을 걸러 따른다. **1인분**

3 라운드

앨리 캣
Alley Cat

퀴멜*의 캐러웨이+ 풍미가 라이 위스키와 결합하니 이 음료에서 스파이시한 맛이 나고 심지어 발랄하게 느껴진다.

믹싱 글라스에 **사제락 라이 위스키 60밀리리터, 샌드맨 파운더스 리저브**Sandeman Founders Reserve **포트와인 30밀리리터, 헬빙 퀴멜**Helbing kümmel **1작은술, 앙고스투라 비터스 2대시**와 **부순 얼음**을 넣고 잘 젓는다. 차게 한 칵테일글라스에 걸러 따른다. **1인분**

* 프러시아와 그 주변국들의 코디얼인 퀴멜은 캐러웨이와 커민 풍미의 리큐어로 드라이한 편이다.

아메리카노
Americano

아메리카노는 더운 날 맥주 한 잔 대신 즐기기에 좋은 음료로 살짝 쌉쌀하고 살짝 달콤하다. 키 큰 잔에 담긴 이 음료는 원기를 북돋워주며 마시기도 아주아주 수월하다.

톨 글래스에 **스위트 레드 베르무트 45밀리리터**와 **캄파리 45밀리리터**를 넣고 젓는다. **각얼음 2 또는 3개**를 더하고 **차가운 셀처 탄산수**를 위에 붓는다. **오렌지 휠 반쪽**으로 장식한다. **1인분**

+ 미나릿과에 속하는 회향풀의 일종.

아르마냑 칵테일
Armagnac Cocktail

옛 네덜란드 칵테일의 아르마냑 버전으로, 이 뉴욕 명물의 기원은 적어도 1914년으로 거슬러 올라간다. 만들기 간단하며 도수가 세고(아주 세다) 달콤하며, 좋은 큐라소를 사용하면 지나치게 달지 않다.

칵테일 셰이커에 **VSOP등급 아르마냑**이나 나폴레옹 아르마냑 **60밀리리터**, **수입산 오렌지 큐라소**나 그랑 마르니에 **30밀리리터**, **리건스 오렌지 비터스 NO.6**Regans' Orange Bitters No.6 **2대시**를 섞고 **얼음**을 많이 넣어 격렬하게 흔든다. 차게 한 칵테일글라스에 내용물을 걸러 따른다. **1인분**

바티스트

3 라운드

바티스트 Batiste

과거 1930년대 〈에스콰이어〉에 실린 바티스트는 친숙한 소용량 칵테일로, 눈으로 보기에도 즐겁다. 라임 반 개의 즙과 레몬 껍질 트위스트를 더하면 조지 왕자를 영접하게 된다.+

칵테일 셰이커에 **화이트 럼 60밀리리터, 그랑 마르니에 30밀리리터**와 **얼음**을 많이 넣고 힘차게 흔들어준다. 차게 한 칵테일글라스에 내용물을 걸러 따른다. **1인분**

더 본 The Bone

위스키와 타바스코. 이 두 재료만으로 다 설명된다. (그리고 맛도 좋다.)

칵테일 셰이커에 **101프루프의 와일드 터키 라이 위스키**나 **버번 60밀리리터, 갓 짠 라임즙 1작은술, 심플 시럽 1작은술**(22쪽 단맛 내기 참조), **타바스코 소스 3대시**와 **얼음**을 넣고 잘 흔든다. 차게 한 톨 샷 글라스에 걸러 따른다. **1인분**

+ 바티스트는 원래 면이나 마 등으로 짠 평직물로 웨딩드레스 소재로 쓰인다. 소박한 느낌의 이 원단으로 치장을 하면 왕자님도 얻을 수 있다는 뜻.

3 라운드

보든 체이스 Borden Chase

1930년대에 롭 로이를 변주한 칵테일로 특별히 맛있다. 본명이 프랭크 파울러인 보든 체이스는 영화 〈붉은 강〉의 시나리오를 썼다. 보든, 건배!

믹싱 글라스에 **블렌디드 스카치위스키*** 68밀리리터, **이탈리안 베르무트** 22밀리리터, **페르노**Pernod** ½작은술, **오렌지 비터스** 2대시와 **부순 얼음**을 넣고 잘 젓는다. 내용물을 차게 한 칵테일글라스에 걸러 따른다. **1인분**

* 몇 가지 대체재: 핀치Pinch, 조니 워커 블랙, 화이트 호스White Horse.
** 리카르Ricard, 허브세인트Herbsaint, 압생트, 파스티스 앙리 바르두앵Pastis Henri Bardouin 같은 아니스 향료를 넣은 다른 파스티스를 사용해도 된다.

3 라운드

브레인 더스터
Brain Duster

1890년경 브로드웨이가 팽창하면서 어떤 종류의 음료를 가리키는 신조어가 생겨났다. 원샷으로 들이키면 골이 댕댕 울리고 엉덩이를 걷어차이고 작은 원을 그리며 맴돌면서 알아들을 수 없는 소리를 내뱉게 되는 그것은 바로 '브레인 더스터'다. 그 버전들 중 하나를 여기 소개한다. 좀 더 현대적인 버전을 원한다면 아드벡이나 라프로익 또는 토탄향이 강하며 가급적 캐스크 스트렝스cask strength+인 스카치위스키 45밀리리터에다 페르넷 브랑카Fernet Branca 15밀리리터와 얼음을 더해 흔든 다음 톨 샷 글라스에 걸러 담는다.

믹싱 글라스에 **라이 위스키*** 30밀리리터, 압생트 30밀리리터, 이탈리안 베르무트 30밀리리터, 앙고스투라 비터스 1대시와 **부순 얼음**을 넣은 다음 잘 젓는다. 차게 한 칵테일글라스에 내용물을 걸러 담는다. **1인분**

* 효과를 최대화하기 위해 약 100프루프 제품을 사용한다. 버번을 사용해도 된다.

+ 알코올 함량을 나타내는 ABV가 50~60퍼센트인 위스키 원액을 물로 희석하지 않고 병에 담은 것.

브라운 더비

3 라운드

브라운 더비
Brown Derby

다이커리에 대한 뉴잉글랜드의 응답. 열대 음료는 아니지만 확실히 맛은 좋다.

칵테일 셰이커에 **다크 럼*** 60밀리리터, 갓 짠 라임즙 30밀리리터, 메이플 설탕** 1작은술과 **얼음**을 넣고 잘 흔든다. 차게 한 칵테일글라스에 내용물을 걸러 담아낸다. **1인분**

* 올드 입스위치Old Ipswich 같은 뉴잉글랜드 지역의 새로운 럼이 적합하다. 숙성된 제품을 쓰되 만약 없으면 품질이 우수하고 리치한 자메이카 또는 가이아나 산 럼을 사용할 것.
** 메이플 시럽이 훨씬 저렴하고 효과도 별 차이가 없다.

번트 퓨설라지
Burnt Fuselage

1920년대 파리에서 태어난 단순한 칵테일. 겉보기에는 다소 섬뜩하지만 맛은 탁월한데, 개발자인 척 커우드는 필라델피아 출신으로 제1차 세계대전 당시 프랑스 공군에 입대해 수많은 비행기가 화염에 휩싸여 추락하는 광경을 목격했다.

믹싱 글라스에 **VSOP등급 코냑** 30밀리리터, **그랑 마르니에** 30밀리리터, **프렌치 드라이 (화이트) 베르무트** 30밀리리터와 **부순 얼음**을 넣고 잘 젓는다. 차게 한 칵테일글라스에 걸러 따른다. 음료 위에 **얇게 깎은 레몬 껍질 조각**을 트위스트로 만들어 떨어뜨린다. **1인분**

3 라운드

카페 칵테일
Café Cocktail

제2차 세계대전 직전 〈에스콰이어〉가 시험적으로 작성한 음료 목록에서 이 레시피를 발견했을 때는 미심쩍은 생각이 들었다. 일반적으로 우리는 옥탄 함량이 좀 더 많은 것을 좋아하는데다 레시피 자체가 너무 달게 느껴졌기 때문이다. 하지만 그건 오산이었다.

믹싱 글라스에 **코냑 30밀리리터**, **크렘 드 카카오 30밀리리터**, **커피 60밀리리터**, **미립당 1작은술**과 **부순 얼음**을 넣고 잘 젓는다. 차게 한 칵테일글라스에 내용물을 걸러 따르고 **레몬 껍질 트위스트**로 장식한다. **1인분**

3 라운드

케이프 코더 Cape Codder

누구나 인정하듯이 예전 케이프 코더는 변변치 못했던 게 사실이다. 그러나 제대로 만들면 기분도 좋고 심신도 상쾌하게 해주는데다 아주 약간의 놀라움을 안겨준다.

콜린스 글라스에 **보드카 60밀리리터** 또는 (깜짝 놀라겠지만) 맛 좋고 풍미 강한 화이트 럼을 따른다. 여기에 **크랜베리 주스 칵테일 60~90밀리리터, 라임 ½개 즙**(이 재료를 넣지 않는 사람도 있다)과 **각얼음 2개**를 넣고 젓는다. **차가운 소다수**나 셀처 탄산수(이 재료 역시 넣지 않고 크랜베리 주스 양을 두 배로 늘리는 사람도 있지만 우리는 안 그런다)를 위에 붓는다. 원하면 **라임 휠**과 민트 잔가지, 또는 둘 중 하나로 장식한다. **1인분**

시카고 피즈

3 라운드

시카고 피즈 Chicago Fizz

시카고 태생의 고상한 음료—시카고라고 해도 분명 프랭크 로이드 라이트가 설계한 고급 주택들이 있는 지역이지, 거친 사나이들이 돼지를 도축해 통조림으로 만들던 지역은 아닐 터. 엘크스 클럽에서 만드는 피즈를 재현하려면 럼 대신 라이 위스키를 사용하고 파인애플 조각으로 장식한다.

칵테일 셰이커에 **다크 럼 30밀리리터**, **루비 포트 30밀리리터**, **갓 짠 레몬즙 15밀리리터**, **미립당 ½작은술**, **달걀흰자 ½***과 **얼음**을 넣고 잘 흔든다. 차게 한 작은 콜린스 글라스에 내용물을 걸러 따르고 셀처 탄산수를 잔 입구에서 2.5센티미터 아래까지 부으며 거품을 낸다.** **1인분**

* 기호에 따라 달걀흰자는 빼도 맛에 영향을 미치지 않는다. 그러나 보기 좋은 불투명함과 더불어 음료에 견고한 바디감을 더해준다. 게다가 단백질은 덤이다.
** 소다 사이펀이 없다면(전적으로 없어도 되는 도구) 셀처 탄산수 병을 따르기 전 조심스럽게 약간 흔든다. 탐나는 거품이 생긴다.

클로스 콜 Close Call

이 칵테일은 음료 조합 공식(여기서는 맨해튼 레시피)을 거의 형편없이 응용해도 훌륭한 음료가 나올 수 있음을 보여주는 사례다. 그런 이유로 클로스 콜, 즉 '아슬아슬'이란 이름을 얻었다.

믹싱 글라스에 **시엠브라 아술**Siembra Azul **테킬라 60밀리리터**, **루스타우 돈 누뇨**Lustau Don Nuño **셰리 30밀리리터**, **체리 히어링 1작은술**, **앙고스투라 비터스 2대시**와 **부순 얼음**을 넣고 잘 젓는다. 차게 한 칵테일글라스에 내용물을 걸러 따른다. **1인분**

3 라운드

플로리다 Florida

기분 좋게 절제되고 드라이하고 세며 간단히 만들기 좋은 음료. 다시 말해 바빌로니언 스펠트 맥주만큼이나 오늘날의 플로리다에 딱 어울린다.

칵테일 셰이커에 **다크 럼 45밀리리터**, **코냑 22밀리리터**, **갓 짠 자몽즙 45밀리리터**, **갓 짠 오렌지즙 45밀리리터**와 **얼음**을 넣고 잘 흔든다. 부순 얼음을 채운 콜린스 글라스에 내용물을 걸러 따른다. **오렌지 휠**과 종이우산으로 장식한다. 아니, 이거 뭔데 자꾸 손이 가지. **1인분**

3 라운드

플로로도라 Florodora

1901년 코러스 걸을 위해 만들어진 이 칵테일은 향기롭고 기분 좋으며 오랜 시간 마시다보면 치명적이기까지 하다. 플로로도라 임피리얼 스타일을 만들 때는 진을 코냑으로 대체한다. 그렇게 만들면 더 비싼데, 코러스 걸들은 그걸 좋아한다. 아니 그렇다고들 한다.

칵테일 셰이커에 **런던 드라이 진 60밀리리터, 갓 짠 라임즙 15밀리리터, 라즈베리 시럽 1작은술**과 **각얼음 4 또는 5개**를 넣고 잘 흔든다. 콜린스 글라스에 내용물을 거르지 않고 따르며 **차가운 진저에일을 위에 붓는다. 1인분**

음료(그리고 간단한 음식) | 151

거물과의
한 잔

톰 주노드

바에는 자리가 하나 있었다. 미드타운 9번가에 자리한 그 레스토랑은 사람들로 붐볐지만 바 의자 하나가 서서 이야기를 나누는 사람들 무리 속에 무인도처럼 떠 있었다. 맵시가 날렵한 양복과 투톤 셔츠를 입고 소매에 커프스단추를 단 그들은 모두 우아하게 차려입은데다 보석으로 치장까지 하고 있었다. 그들을 보자마자 나는 레스토랑 여주인에게 두 가지 질문을 던졌다. 하나는 지금 내 차림으로, 즉 청바지와 티셔츠를 입고 레스토랑에서 식사를 할 수 있냐는 거였고, 다른 하나는 바에 가서 빈자리에 앉아도 되냐는 것이었다.

"아, 그럼요. 저분들이 바를 떠나면 바로 앉으세요." 여주인은 이렇게 답했다. 매우 젊고 쾌활한 그녀가 열정과 동정이 뒤섞인 목소리로 말해서 나는 내가 엉터리 영어로 질문하기라도 했나 싶었다.

"테이블이 다 준비됐으니까 저분들도 곧 자리를 옮길 거예요."

나는 문 옆에서 기다리며 그들을 보았다. 모두 여덟 명이었다. 한 사람은 키가 2미터가 훌쩍 넘었는데 유일하게 타이를 매지 않았다. 한 사람은 그보다 30센티미터쯤 작았는데 모두가 그의 둘레에 모여 있었다. 그는 검은색과 흰색의 작은 물방울무늬 양복과 흰색 스프레드 칼라가 달린 파란색 셔츠를 입고 있었다. 짙게 그을린 피부에 머리는 칠흑같이 검게 염색을 했고 치아는 너무 하얗게 미백을 해서 거의 푸른빛으로 번뜩였다. 그 사람과 일행은 지금껏 내가 자라면서 주변에서 보았던 사람들과 별반 다르지 않아서 나는 그들이 그저 세일즈맨이나 갱단이겠거니 생각했다.

15분쯤 지나서 여주인이 말했다. "제가 가서 저분들한테 손님이 바에 앉아도 되는지 물어볼게요. 떨지 말아야 할 텐데."

"아, 저 사람들이 누군지 몰라서 그런 걸 거예요." 나는 대답했다.

"아니요. 알기 때문에 겁이 나요." 여주인은 내 옆으로 바짝 다가와 귓속말로 속삭였다. "마피아들이에요." 그러고서 그녀는 한 걸음 뒤로 물러섰고 아이 같은 얼굴은 갑자스레 결연한 표정을 띠면서

부루퉁해졌다. "하지만 저도 배짱 있는 사람이고 손님은 기다릴 만큼 기다렸어요. 가서 합석해도 되냐고 물어볼게요."

"저 때문에 배짱부릴 필요는 없는데요." 나는 그렇게 대답했지만 그녀는 그을린 얼굴의 작은 남자에게 벌써 말을 걸고 있었다. 내내 웃음 띤 얼굴로 여주인은 무슨 말을 했고 그는 사람들 사이로 나를 살펴보았다. 그다음 여주인이 나에게 손짓을 했다.

나는 남자들에게 눈길도 주지 않은 채 빈자리로 걸어갔다. 곧바로 빅터라는 바텐더에게 주문을 하고 이탈리아산 화이트 와인을 마셨다. 5분쯤 지나서 내 어깨를 두드리는 기척이 느껴졌다.

"뭘 주문했나요?" 검은색과 흰색 양복을 입은 남자가 물었다. 가까이서 보니 그의 치아는 훨씬 더 반짝거렸고 머리색은 멀리서 봤을 때보다 더 어두웠다.

그러나 나이는 훨씬 들어 보였다.

"부카티니+요." 나는 대답했다.

"문어를 넣어서?" 그가 물었다.

나는 그렇다고 대답했다. "나도 그걸 주문했지. 알덴테로 주문했나요?" 그가 또 물었다.

"그러면 좋았겠지만, 유명한 셰프라 이렇게 저렇게 해달라고 하면 기분 나빠할 겁니다." 나는 말했다.

그는 이 말을 듣고 잠시 생각하더니 고개를 끄덕이며 말했다. "맞아. 여기 참 잘하지. 다른 데 가면 조심해야 할 거요. 물컹한 부카티니를 먹고 싶진 않을 테니."

나는 다시 와인을 마시면서 되도록 눈에 띄지 않게 앉아 있으려 했다. 물론 이미 발각되었지만. 빅터는 첫 번째 코스 요리인 이탈리아식 날생선을 갖다주었다. 그때 또다시 어깨를 두드리는 기척이 느껴졌다.

"어디 사람인가요?" 반짝이는 치아를 가진 남자가 물었다.

"원래 뉴욕 출신이지만 지금은 조지아에 삽니다."

그는 자기 가슴을 툭툭 쳤다. "나? 뉴욕. 뉴욕. 뉴욕이지." 그는 말했다.

주문한 부카티니가 나왔고 나는 먹기 시작했다. 다시 어깨를 두드리는 기척에 뒤를 돌아보았다. "내가 마티니 한 잔 사도 될까요? 내가 자칭 마티니 전문가라오." 그가 제안했다.

나는 이제는 마티니를 싫어해서 절대 마시지 않는다. "그럼요." 나는 대답했다.

"빅터." 그는 바텐더를 부르더니 자기가 마시던 칵테일 쪽을 가리킨 다음 나를 가리켰다. "이렇게."

빅터는 지속적인 감시하에 마티니를 만들기 시작했다. 빛나는 치아를 가진 남자는 머리를 흔들기 시작하더니 문득 격하게 말했다. "빅터, 열나게 흔들어."

빅터는 마치 서부영화에서 춤추라고

+ 파스타 면의 한 종류로 빨대처럼 가운데가 비었다.

명령을 받은 사람처럼 어깨 위로 칵테일을 격정적으로 흔들기 시작했다. 드디어 옆면을 따라 작은 얼음조각이 흘러내리는 마티니 글라스 세트가 내 앞에 놓였다. 빅터는 셰이커에 든 마티니를 잔에 따랐는데 아직도 살짝 거품이 일어 있었다.

"어떤가?" 빛나는 치아의 남자가 물었다.

"이제까지 마셔본 마티니 중 최고인데요." 나는 한 치의 거짓도 없이 대답했다.

그는 고개를 끄덕이며 "그게 다 열나게 흔들어서 그렇지"라고 말했다. 그러고는 일행에게 신호를 했고 그 즉시 그들 모두는 레스토랑의 구석 테이블로 자리를 옮겼다. 그에게—그들에게—와인을 한 병 살까도 생각했지만 자칫 무례하게 느껴질 수도 있었고, 아무래도 그의 호의에 어떻게 보답할지 생각나지 않았다. 나는 마티니를 다 마셨고 빅터가 계산을 하기 위해 잠시 물러가 있는 동안 금전등록기로 눈을 돌렸다가 '마리노, 단'이라는 이름을 보았다.

그 다음날 구글에서 검색해보니 대니얼 마리노는 일흔한 살로, 감비노 범죄조직의 두목 세 명 중 하나였다. 몇 달 후, 마리노는 공모 혐의를 인정했고, 사촌이기도 한 정보원 살해를 시인한 대가로 5년형을 선고받았다. 그는 현재 공개되지 않은 질환으로 감옥 병동에 있는데, 나는 그를 생각할 때마다 두 가지가 떠오른다.

하나는 감옥에서도 머리를 검은색으로 물들일 수 있는지, 그리고 백발에 창백한 얼굴의 그는 어떤 모습일까라는 것이다.

그리고 다른 하나는 내가 여전히 술 한 잔을 그에게 빚지고 있다는 것.

3 라운드

글래스고 Glasgow

독주毒酒의 세계에서 글래스고는 마치 고등학교에서 볼 수 있는 예술적 성향을 지닌 괴짜 학생 같은 존재다.

믹싱 글라스에 **블렌디드 스카치위스키 60밀리리터**, **프렌치 베르무트 30밀리리터**, **압생트* 1작은술**, **페이쇼드 비터스** 1대시**와 **부순 얼음**을 넣고 잘 젓는다. 차게 한 칵테일글라스에 내용물을 걸러 따른다.
자, 이제 트위스트로 장식할까? 아니면 잔가지? 바비 인형 머리는 어떨까? **1인분**

* 페르노, 리카르, 허브세인트 등으로 언제든 대체해도 된다. 사실 우리는 얼마든지 대체해보길 권한다. 샤르트뢰즈Chartreuse, 베네딕틴, 나이킬NyQuil, 미세스 버터워스Mrs. Butterworth's 등을 시도해도 좋다.
** 마스터 믹솔로지스트 데이비드 엠버리가 스카치에 비터스를 넣을 경우 사용하도록 정한 비터스다.

3 라운드

집시 ^Gypsy

이 칵테일은 금주령이 폐지된 1933년과 제2차 세계대전 사이, 손으로 직접 크랭크를 돌려 영화 촬영을 하던 시기의 보드카 음료다. 이 레시피는 다른 어느 허브 리큐어에도 적용할 수 있다. 단, 그 결과물에 붙일 만한 그럴싸한 동유럽풍 이름 후보를 많이 알고 있는 게 좋다.

믹싱 글라스에 **러시아산 보드카 60밀리리터**, **베네딕틴 30밀리리터**, **앙고스투라 비터스 1대시**와 **부순 얼음**을 넣고 잘 젓는다. 차게 한 칵테일글라스에 내용물을 걸러 따르고 **레몬 껍질 트위스트**를 떨어뜨린다. **1인분**

허니 비

3 라운드

허니 비
Honey Bee

비즈 니스 Bee's Knees, 허니 서클Honeysuckle, 에어메일Airmail(위에 샴페인을 부은 경우)로도 알려진 이 작은 매력 덩어리는 그 어떤 음료보다 기분을 좋게 한다.

칵테일 셰이커에 **꿀*** 1½**작은술**과 **따뜻한 물** 1½**작은술**을 넣고 꿀이 완전히 녹을 때까지 젓는다. **화이트 럼**** 60밀리리터와 갓 짠 레몬즙 15밀리리터를 추가한 다음 **부순 얼음**을 넣고 격렬하게 흔든다. 차게 한 칵테일글라스에 내용물을 걸러 따른다. **1인분**

* 음료가 너무 드라이하거나, 또는 너그러운 마음이 들면, 주저하지 말고 꿀을 좀 더 넣을 것.
** 데이비드 엠버리에 따르면 화이트 럼을 넣으면 허니서클이 만들어지고 다크한 자메이카 스타일 럼을 넣으면 허니 비가 된다. 하지만 1949년 《에스콰이어》가 편찬한 《호스트를 위한 길잡이》를 보면 이와 다르다. 어쨌든 제발 풍미가 좋은 것을 사용하길.

디 아이디얼 칵테일
The Ideal Cocktail

1935년 아바나의 라 플로리다(그렇다, 헤밍웨이도 이걸 마셨다)에서 발간한 기념 책자에 수록된 칵테일.

칵테일 셰이커에 **스위트 베르무트** 30밀리리터, **드라이 베르무트** 30밀리리터, **드라이 진** 30밀리리터, 갓 짠 **자몽즙** 22밀리리터, **마라스키노 리큐어** 1**작은술**과 얼음을 넣고 잘 흔든다. 차게 한 칵테일글라스에 내용물을 걸러 따른다. **1인분**

3 라운드

주니어 *Junior*

주니어의 역사는 불명확할 뿐 아니라 전혀 알려진 바가 없다. 우리가 아는 한, 인쇄매체에 처음 등장한 것은 1937년 〈에스콰이어〉 지면으로, 당시는 아무 설명 없이 실렸다. 아무렴 어떠랴. 주니어는 흠잡을 데 없는 음료로 스파이시하고 리치하면서도 목을 시원하게 축여준다.

칵테일 셰이커에 **라이 위스키 60밀리리터**, **베네딕틴 15밀리리터**, **갓 짠 라임즙 15밀리리터**, **비터스 1대시**와 **얼음**을 넣은 다음 잘 흔든다. 차게 한 칵테일글라스에 내용물을 걸러 따른다. **1인분**

3 라운드

니커보커 Knickerbocker

가장 역사가 깊은 미국 칵테일 중 하나인(1845년경) 니커보커는 약간 지나치게 화려한 편이라서 청교도적 성향을 가진 술꾼들을 끌어당기진 못하지만, 대체로 다른 모든 사람들이 즐기기에 순하고 기분 좋은 소용량 음료다.

칵테일 셰이커에 **골든 럼* 80밀리리터**, 수입산 오렌지 큐라소 ½작은술, 라즈베리 시럽** 1½작은술, 갓 짠 라임즙 **15밀리리터**와 **부순 얼음**을 넣고 잘 흔든다. 즙을 짜고 남은 라임 껍질 하나를 더블 올드 패션드 글라스나 작은 하이볼 글라스에 넣는다. (이런 작업을 하는 음료로는 기록상 가장 초기 음료.) 얼음을 포함한 음료를 전부 잔에 따르고*** 라즈베리, 블랙베리, 블루베리 등 크런치 베리 계열 열매는 어떤 것이라도 좋으니 제철에 나온 **베리 서너 개**로 장식한다. 빨대와 베리를 먹을 작은 스푼을 곁들여 낸다. **1인분**

* 원래 '산타크루즈' 럼으로 불리며 버진아일랜드의 생크루아 섬에서 생산된다. 이 골든 럼으로 만들어도 결과물이 훌륭하지만, 바베이도스나 푸에르토리코, 트리니다드 등지에서 생산된 미디엄 바디의 골든 럼도 좋다.
** 구할 수 없다면 언제든 샹보르Chambord 리큐어+를 사용해도 된다.
*** 한 번에 여러 잔을 만들 때는 먼저 혼합물을 잔에 걸러 따른 다음 얼음을 넣는 편이 더 수월하다.

+ 17세기 프랑스 루아르 계곡에서 생산되던 리큐어를 모델로 한 라즈베리 리큐어.

3 라운드

매키넌 Mackinnon

드램부이의 스카치 베이스는 딱 적당한 스모키향을 발현하여 흥미를 잃지 않게 해주고, 꿀 같은 단맛은 시트러스 즙으로 기가 막히게 균형이 잡히며 소다수를 통해 그 존재감이 두드러진다. 그렇다면 럼은? 장담할 수는 없지만 럼이 없다면 지금 맛은 어림도 없다.

칵테일 셰이커에 **드램부이 60밀리리터, 화이트 럼 15밀리리터, 갓 짠 라임즙 15밀리리터, 갓 짠 레몬즙 15밀리리터**와 **얼음**을 넣고 잘 흔든다. 각얼음 2 또는 3개를 넣은 콜린스 글라스에 내용물을 걸러 따르고 **차가운 소다수**나 셀처 탄산수를 위에 붓는다. **1인분**

3 라운드

메트로폴
Metropole

미국 전역에 메트로폴 호텔이 많았던 당시만 해도 스타일과 디자인에 관한 조언을 프랑스에 구했다. 이 칵테일은 뉴욕에서 탄생했다. 확실히 맨해튼이 변형된 칵테일이긴 하지만, 그 시작은 1884년경으로 거슬러 올라가니 오래된 음료다. 브랜디에 좀 더 투자를 한다면 좋은 결과물이 나온다.

믹싱 글라스에 **VSOP등급 코냑**이나 아르마냑 45밀리리터, **드라이 베르무트** 45밀리리터, 비터스 2대시와 **부순 얼음**을 넣고 잘 젓는다. 차게 한 칵테일글라스에 내용물을 걸러 따르고 **마라스키노 체리**로 장식한다. **1인분**

3 라운드

몬탈반 Montalban

전혀 걸리는 데 없이 매끈하게 넘어간다. 균형이 잘 잡혔고 맛있다.

믹싱 글라스에 **마운트 게이 이클립스**Mount Gay Eclipse **럼 60밀리리터**, **루스타우 돈 누뇨 셰리 30밀리리터**, **체리 히어링 1작은술**, **앙고스투라 비터스 2대시**와 **부순 얼음**을 넣고 잘 젓는다. 차게 한 칵테일글라스에 내용물을 걸러 따른다. **1인분**

모닝 미스트 Morning Mist

스모키한 칵테일. 스카치가 아니라 연기에서 풍미가 나온다.

칵테일 셰이커에 **뜨거운 물 2작은술**과 **꿀 1작은술**을 넣고 꿀이 녹을 때까지 젓는다. **보드카 45밀리리터**, **베네딕틴 1작은술**, **갓 짠 레몬즙 15밀리리터**를 추가한다. 셰이커에 얼음을 채우고 한쪽에 치워둔다. 길이 10센티미터의 정사각형 골판지를 핀 한 개로 뚫고 그 끝에 아주 작고 얇은 나뭇조각 두어 개를 꽂은 다음 골판지를 내화성 표면 위에 놓는다. 나뭇조각에 불을 붙이고 그 위에 잔을 엎어놓아 연기가 잔 안에 차도록 한다. (샴페인 플루트나 브랜디 스니프터 잔처럼 우묵한 볼에 다리가 달린 잔을 사용해 짙은 연기가 모이도록 할 것.) 이제 음료를 완전히 흔들고 마지막 순간까지 골판지에 엎어놓았던 잔을 뒤집은 다음 깔때기를 이용해 액체가 곧장 잔 바닥에 닿도록 내용물을 잔에 걸러 따른다. 연기 층이 여전히 음료를 감싸고 있는 동안 즉시 낸다. **1인분**

네그란데
Negrande

공격적인 네그로니.

믹싱 글라스에 **하이 프루프 진*** 30밀리리터, **그란 클라시코 비터**Gran Classico Bitter 30밀리리터, **돌랭 블랑 베르무트**Dolin blanc vermouth 또는 **마르티니 앤드 로시 비안코**Martini & Rossi Bianco **스위트 화이트 베르무트** 30밀리리터와 부순 얼음을 넣고 잘 젓는다. 차가운 칵테일 쿠페에 내용물을 걸러 따른다. 얇게 깎은 오렌지 껍질 1조각을 트위스트로 만들어 음료 위에 떨어뜨린다. **1인분**

* 올드 라지Old Raj, 헤이먼스 로열 도크Hayman's Royal Dock, 페리스 토트Perry's Tot 등이 있다.

디 오리지널 진 칵테일
The Original Gin Cocktail

놀랍게도 네덜란드의 쥬니버는 진의 선조로 맥아향이 나며 위스키 비슷한 맛을 지녔는데, 미국 건국 시기부터 19세기 말 마티니가 등장할 때까지 미국에서 영국 진보다 인기가 훨씬 많아 '진'이라 하면 으레 '예네베르'를 의미했다. 한번 맛보면 그 이유를 알게 된다.

올드 패션드 글라스에 **데메라라 각설탕 1개**를 넣는다. **물** 15밀리리터와 **피 브라더스**Fee Brothers **위스키 배럴 숙성 비터스** 또는 **비터 트루스 올드 타임 아로마틱 비터스**Bitter Truth Old Time Aromatic Bitters 4 또는 5 대시를 넣는다. 설탕이 거의 녹을 때까지 으깬다. **볼스 쥬니버**Bols Genever 또는 다른 리치한 네덜란드 예네베르(또는 다른 나라의 쥬니버 스타일 진도 가능) 60밀리리터를 추가한다. 부순 각얼음 2개와 온전한 각얼음 2개를 넣고 젓는다. 얇게 깎은 레몬 껍질 1조각을 트위스트로 만들어 음료 위에 떨어뜨린다. **1인분**

포이즈 드림

3 라운드

포이츠 드림
Poet's Dream

이 칵테일 이름에 걸맞은 후보가 딱 한 명 있다. 바로 월리스 스티븐스+. 그가 "얼음으로 뒤덮인 로템나무를 바라보아서"++ 후보에 걸맞다는 건 아니다. 변호사이자 코네티컷 보험회사 간부였던 만큼 베네딕틴을 끼얹은 드라이 마티니를 결코 금기시할 리 없는 사람이었기 때문이다. 사실 드라이 마티니는 두 직군의 사람들에게 꼭 필요한 술이다.

믹싱 글라스에 **런던 드라이 진 60밀리리터, 프렌치 베르무트 30밀리리터, 베네딕틴 ½작은술, 오렌지 비터스 2대시**와 **부순 얼음**을 넣고 잘 젓는다. 차게 한 칵테일글라스에 내용물을 걸러 따르고 **레몬 껍질 트위스트**로 장식한다. **1인분**

럼 앤드 코코넛 워터
Rum and Coconut Water

카리브해 사람들이 실제로 마시는 열대 음료.

콜린스 글라스에 **골든 럼* 60밀리리터**와 **신선한 코코넛 워터** 60~120밀리리터**를 넣은 다음 **각얼음 2 또는 3개**를 추가하고 저어서 낸다. **1인분**

* 이 칵테일에서 우리가 애용하는 럼: 트리니다드 섬에서 앙고스투라로 만드는 숙성된 럼 중 하나.
** 신선한 게 제일 좋지만 100퍼센트 코코넛 워터라면 포장된 제품도 괜찮다.

+ 미국 시인. 풍부한 이미지와 난해한 은유가 특징인 시를 썼다.   ++ 월리스 스티븐스가 쓴 〈The Snow Man〉의 한 구절.

3 라운드

럼 올드 패션드
Rum Old Fashioned

'**럼화**rumstitution'의 결과물로 이 책에 나온 상당수 칵테일에 적용 가능하다.

올드 패션드 글라스에 **각설탕 1개**를 넣는다. **물 1작은술**과 **앙고스투라 비터스 3대시**를 넣는다. 설탕이 녹을 때까지 으깬다. **엘도라도 5년산 럼 60밀리리터**를 추가한다. **부순 각얼음 2개**와 **온전한 각얼음 2개**를 넣고 잘 젓는다. 음료 위에 얇게 깎은 오렌지 껍질 조각을 트위스트해서 떨어뜨린다. **1인분**

샌 마틴
San Martin

20세기로의 전환기에 아르헨티나와 우루과이에서 신사들이 마시던 칵테일. 건배!

믹싱 글라스에 **드라이 진 45밀리리터**, **이탈리안 베르무트 45밀리리터**, **옐로 샤르트뢰즈**(증류주에 각종 약초를 첨가한 리큐어)**, 1작은술**과 **부순 얼음**을 넣은 다음 잘 젓는다. 차게 한 칵테일글라스에 내용물을 걸러 따르고 **레몬 껍질 트위스트**로 장식한다. **1인분**

* 엠버시 클럽의 로버트는 80프루프 옐로 제품을 요구하는 반면 사보이의 크래덕은 110프루프 그린을 원한다. 여기서는 로버트가 옳다. 옐로 샤르트뢰즈는 달콤해서 칵테일의 불쾌한 맛은 줄어들고 즐거움은 증가한다. (게다가 베르무트와 진에 약초 성분을 보충해준다.)

샌 마틴

3 라운드

스그로피노 Sgroppino

이탈리아에서 스그로피노는 대략 '막힌 속을 풀어주는 것'이란 뜻이다. 코스 요리와 요리 사이에 입을 개운하게 하려고 마시는 칵테일이다.

믹서기에 **보드카 30밀리리터, 레몬 소르베 45밀리리터, 잘게 간 얼음 60밀리리터**를 넣고 20초 동안 높은 강도로 간다. 샴페인 플루트 잔에 따르고 **프로세코**Prosecco+를 위에 끼얹는다. **1인분**

+ 이탈리아산 화이트 와인.

3 라운드

셰리 코블러
Sherry Cobbler

1840년에서 1920년까지 미국인이라면 누구나 좋아한 칵테일로, 에어컨의 역할을 훌륭하게 소화했다.

칵테일 셰이커에 **올로로소 셰리 90밀리리터**, **심플 시럽 15밀리리터**(22쪽 단맛 내기 참조), **오렌지 휠 반쪽**을 넣는다. **얼음**을 넣고 격렬하게 흔든 다음, 부순 얼음을 꽉 채운 톨 글라스에 내용물을 걸러 따른다. 오렌지 휠 나머지 반쪽과 **제철 베리 서너 개**로 장식한다. **1인분**

3 라운드

슬로 진 피즈 _{Sloe Gin Fizz}

한때 아침 음료였던 이 칵테일은 예전부터 대체용으로 항상 준비해두던 것으로, 칵테일 기술로 만들어진 음료 중 별다른 개성이 없는 편이어서 무난하게 좋은 모양새와 섬세한 풍미를 제외하고 딱히 추천할 만한 특징이 많진 않다. 단순하고 순한(주여 감사합니다) 과일 풍미의 시원한 알코올음료다.

칵테일 셰이커에 수입산 **슬로 진 60밀리리터**, 갓 짠 **레몬즙 15밀리리터**, **미립당 1작은술**과 **얼음**을 넣고 잘 흔든다. 차게 한 작은 콜린스 글라스에 내용물을 걸러 따르고, 소다 사이펀을 사용해 **차가운 소다수**나 셀처 탄산수를 잔 입구에서 최대 2.5센티미터 아래까지 부으며 거품을 내거나, 소다수나 셀처 탄산수를 거품이 생기도록 다소 무심하게 뿌린다. **1인분**

이래서 좋다

나이트캡

데이비드 원드리치

잠자리에 들기 전 스카치위스키를 양껏 한 모금 들이키거나 필름이 끊기도록 술을 마시는 행동을 편들 생각은 없다. 절제만 잘한다면 밤술 한 잔은 알코올이라기보다는 일과日課 같아서 하루의 짐을 내려놓을 때 속도 든든히 채워주고 긴장도 누그러뜨린다. 잠자리에서 아이들에게 들려주는 동화처럼 성인을 위한 수면제 역할. 우리가 원하는 건 딱 한 핑거+, 포트나 다른 강화와인일 경우는 그보다 살짝 많은 양이지, 그 이상은 결코 아니다. 잠자리에서 한두 번 뒤척이는 것 이상으로 수면을 방해할 정도의 알코올은 안 된다. 만약 밖에서 술을 마시고 있다면 이런 밤술은 필요 없다. 정말로, 여러 모로 좋지 않은 생각이다. 이미 잠이 오기 시작했다면 밤술은 건너뛰어도 된다. 매일 밤 통과의례는 아니니까. 하지만 상황이 받쳐준다면 이보다 즐거운 것도 없다.

모든 스피릿이 밤술로 적합하진 않다. 전통적으로 코디얼과 리큐어를 마시지만 달달한 맛이 과해서 초저녁에 더 어울린다. (그렇긴 하지만 그린 샤르트뢰즈 한 모금은 이따금 밤술로 괜찮다. 어디까지나 딱 한 모금이다. 알코올 110프루프이니.) 버번과 라이 위스키는 훌륭하지만 분위기를 깰 정도로 톡 쏘는 풍미가 강한 편이며, 테킬라도 숙성이 잘된 것이라도 마찬가지다. 보드카는 안락감이 떨어지고 진은 그냥 안 된다. 스카치위스키는 피트향과 스모키향, 셰리 통의 타르 풍미가 약하고 달콤한 보리 향과 그윽한 향이 강할 경우 완벽하다. 그렇다고 우리가 최고급 스피릿을 원하는 것도 아니다. 밤술 한 잔의 핵심은 술이 아니라 일과처럼 행하는 데 있다. 그리고 술과 관련한 그런 귀한 이야기는 전적으로 그 주제에 집중해서

+ 텀블러 잔을 평평한 면에 놓고 손가락도 그 면에 붙여 잔을 쥐었을 때 손가락 하나의 높이에 해당하는 양. 1핑거는 약 30밀리리터다.

풀어놓을 수 있을 때를 대비해 남겨놓을 생각이다. 물론 여기서 꼽은 술들에 대해 의견이 다를 수 있다. 자기 잔에 따르고 싶은 술은 본인이 가장 잘 아는 법이니까. 어쨌든 우리는 몇 가지 제안을 할 뿐이다.

포트, 셰리, 마데이라 같은 대부분의 강화와인은 밤술로 마시기에 너무 단데, 이례적으로 피노 셰리는 또 지나치게 드라이하다. 하지만 몇몇 강화와인은 밤술로 완벽하다. 우리는 가벼우면서 균형 잡힌 단맛과 향긋한 견과류 향을 지닌 잘 숙성된 황갈색 포트를 좋아한다. 테일러 플래드게이트Taylor Fladgate 황갈색 20년산을 택해보자. 약한 아로마향에 진한 무화과 향을 지녔으며 리치하지만 걸쭉하거나 지나치게 달지 않다.

스피릿으로 넘어오면 조금씩 홀짝이며 마시는 술의 원조격인 코냑부터 시작해야 한다. 밤술로 마시려면 돈을 더 들여 XO등급을 살 필요가 있는데, 이보다 낮으면 숙성이 너무 덜 되어 지나치게 활기찬 느낌이 든다. 하지만 일단 돈을 쓰기로 마음먹었다면, 들라맹 페일 앤드 드라이 XODelamain Pale & Dry XO가 확실하게 보답을 해준다. 그 매끄러움과 심지어 섬세함은 기대를 벗어나지 않지만, 끝맛은 입안에서 끊임없이 바뀌며 진화한다. 과즙이 풍부한 포도였다가 구운 사과로, 다음은 육두구와 정향과 계피로, 양치할 필요가 없다면 밤새 그 맛이 느껴질 것이다.

좀 더 묵직한 것으로는 파워스 존스 레인Powers John's Lane 12년산 퓨어 단식 증류기 아이리시 위스키가 있다. 파워스를 바 위스키로 아는 사람들에게 이 술은 동일하되 더 숙성되었으며 더 리치하고 더 도수가 높다. (무려 알코올 92프루프다.) 약한 사향의 입자감을 지닌 건 동일하지만 혀에는 더 걸쭉하게, 심지어 더 기름기가 느껴진다. 밤의 끝자락에 마신다면 물을 약간 넣어 순하게 만들되 한두 작은술을 넘지 않아야 한다.

마지막으로 플랜테이션 빈티지 2000 트리니다드Plantation Vintage 2000 Trinidad 럼이 있다. 앞서 추천한 세 가지 술이 모두 섬세하고 우아한 반면, 이것은 더 매혹적이고 강렬하다. 타르와 탄 설탕, 구운 열대과일이 한데 휘몰아치는 어두운 소용돌이로. 아주 부드럽게 넘어가기에 망정이지 그렇지 않다면 너무 과하다는 느낌이 들었을 것이다. 다른 세 가지 술이 잠자리에 들라고 설득한다면 이것은 우리를 잠자리로 유혹한다.

3 라운드

스팅어 Stinger

숙성 코냑과 화이트 크렘 드 망트를 섞은 단순한 음료로 1890년경부터 저녁을 마감하는 역할을 해왔다.

칵테일 셰이커에 마르텔 코르동 블뢰Martell Condon Bleu 같은 **XO등급 코냑 68밀리리터**, 수입산 화이트 크렘 드 망트 **22밀리리터**와 얼음을 많이 넣고 세게 흔든다. 차게 한 칵테일글라스에 내용물을 걸러 따른다. **1인분**

대용량 음료와 펀치

우리에게는 친구가 있으니까

대용량 음료

친구를 집에 초대해 저녁식사를 대접할 때 식료품과 주방도구가 어디 있는지 알려주고 재량껏 음식을 만들어 먹으라고 하진 않는다. 그렇지만 친구들이 칵테일을 마시러 들를 때는 얼음통과 되는대로 구색을 갖춘 술, 토닉과 셀처 탄산수를 비롯한 이것저것 병이 놓인 테이블로 데려가 각자 알아서 마시도록 해도 아무 문제가 없다. 그러나 손님을 별로 환대하는 방식은 아니다. 친구들이 모두 바텐더가 아닌 이상, 결국 그들은 온더록스나 기껏해야 두 가지 재료(좋다. 라임 웨지까지 친다면 세 가지)로 하이볼을 만들어 술을 마시게 된다. 어쨌든 즐거운 시간이다.

당연히 해결책은 손님에게 음료를 접대하는 것이다. 하지만 손님들을 일일이 찾아다니면서 무엇을 먹고 싶은지 묻고 주문받은 모든 것을 요리하진 않듯이, 완벽한 바를 차려놓고 밤새 바텐더 노릇을 하며 롱 아일랜드 아이스티, 레드헤디드 슬러츠 Redheaded Sluts 그리고 그 밖에 사람들의 머릿속에 박혀 있는 믹솔로지의 파편들을 주문받아 처리할 필요는 없다. 선의의 방관과 사서 고생 사이에는 행복한 타협점이 있으니, 바로 칵테일 리스트다. 되도록 훌륭한 것으로 두 가지에서 네 가지 칵테일을 선택해 카드에 메뉴를 인쇄한다. 그리고 가장 중요한 점은 그것들을 모두 미리 많이 준비해놓는다. 그러면 갖가지 도구와 병을 갖고 지지고 볶을 필요가 없다. 파티 때 할 일은 오직 흔들고 내용물을 거르는 일, 즉 재미난 부분이다.

대용량 음료와 펀치

진 데이지
Gin Daisy

청량하고 기분 좋은 클래식 음료로, 진을 좋아하는 사람이든 싫어하는 사람이든 똑같이 즐길 수 있다.

큰 피처볼이나 믹싱볼에 **진 750밀리리터 1병, 갓 짜서 거른 레몬즙 240밀리리터, 그랑 마르니에 120밀리리터, 심플 시럽 120밀리리터**(22쪽 단맛 내기 참조)와 **얼음**을 많이 넣고 잘 젓는다. 내용물을 글라스에 걸러 따르고(한 잔 당 약 80밀리리터씩) 위에 **차가운 소다수**나 셀처 탄산수를 붓는다. 각 음료 위에 **싱싱한 민트 잎**을 한 장 띄운다. **약 12인분**

맨해튼 클럽 맨해튼
Manhattan Club Manhattan

1880년대 이 칵테일의 탄생지에서 제공되던 방식대로.

큰 피처볼이나 믹싱볼에 **라이 위스키 750밀리리터 1병, 스위트 베르무트 750밀리리터 1병, 오렌지 비터스 15밀리리터** 또는 **앙고스투라 비터스 10밀리리터**와 **얼음**을 많이 넣고 잘 젓는다. 내용물을 글라스에 걸러 따르고(한 잔 당 약 90밀리리터씩) 위에 얇게 깎은 **레몬 껍질 1조각**을 트위스트로 만들어 떨어뜨린다. **약 16인분**

대용량 음료와 펀치

미켈라다
Michelada

커다란 돼지고기 어깨살 한 덩이를 마늘과 라임즙에 재워 실제로 고기가 녹을 때까지 서서히 익힌 다음 칼로 잘라, 옥수수 토르티야에 채 썬 양파와 고수 잎과 함께 올려 바비큐 요리를 낸다면 가벼운 맥주보다 훨씬 맛있는 뭔가로 음식물을 씻어내리고 싶은 생각이 절로 들 것이다.

5리터 하이네켄 생맥주 케그 통을 얼음 위에 놓는다. 피처에 **라임 12개**의 즙을 짜 넣는다. **우스터소스 22밀리리터**, **매기 시즈닝**(온라인과 멕시코 식료품점에서 구할 수 있는 간장 비슷한 제품) **22밀리리터**, **멕시칸 핫 소스**(촐룰라Cholula 핫 소스가 좋다) **22밀리리터**, **스모키한 향이 나는 좋은 메스칼**(선택 재료) **120밀리리터**를 넣고 잘 젓는다. 내용물이 제법 차가워질 때까지 냉장시킨다. 톨 글래스(360밀리리터 용량)에 **잘게 부순 얼음**을 채운다. 원한다면 **라임 웨지**를 각 잔의 테두리 바깥쪽에 문지르고 **소금**에 굴려 소금막을 입힌다. 각 잔에 차게 한 매운 라임즙 혼합물 1큰술을 넉넉히 담고 그 위에 케그 통에서 맥주를 따라 붓는다. **약 20인분**

세인트 밸런타인
Saint Valentine

《에스콰이어》의 오리지널. 우리가 만든 것 중 언제나 사람들에게 가장 큰 기쁨을 주는 알코올음료로 꼽는다.

큰 피처볼이나 믹싱볼에 아바나 클럽 3년산 또는 뱅크스 5 아일랜드, 데니즌Denizen 같은 **완전 풍미의 화이트 럼 750밀리터 1병**, **그랑 마르니에 240밀리리터**, **루비 포트 240밀리리터**, 갓 짜서 거른 **라임즙 240밀리리터**와 얼음을 많이 넣고 잘 젓는다. 내용물을 잔에 걸러 따른다(한 잔 당 약 90밀리리터씩). **약 16인분**

위스키 레모네이드

Whiskey Lemonade

유일하게 미켈라다(옆 페이지) 못지않게 상쾌한 이 음료에는 부담 없는 '레모네이드'란 이름이 붙었고, 실로 음흉하기 짝이 없게도 그 단어 덕분에 누구나 흥겨운 아이리시 위스키 펀치를 부담없이 마신다. 우리는 이 칵테일을 여름에 만든다. 누구나 만들 정도로 쉽지만 그렇다고 만만히 볼 정도는 아니며(괜찮은 건 죄다 고생을 좀 감수해야 한다), 맛이 있다.

레몬 12개의 즙을 짠다. 즙을 걸러 한쪽에 둔다. 소스팬을 약불에 올리고 **물 2컵[480ml]**에 **데메라라 설탕 450그램**을 넣고 다 녹을 때까지 젓는다. (라즈베리 나무가 있어 베리를 구할 수 있다면 **잘 익은 베리 1~2컵[120~140g]**을 뜨거운 시럽에 넣고 으깬 다음 씨를 걸러내고 다음 과정을 따른다.) 시럽을 불에서 내려놓고 식힌다. 레몬즙을 넣고 저은 다음, 레모네이드를 큰 피처나 저그(3.8리터 용량)에 옮긴다. **물 2리터**와 **아이리시 위스키 1리터**를 추가하고 잘 젓는다. 차가워질 때까지 냉장 보관한다. **약 30인분**

20리터 용량의 이글루 아이스박스

데이비드 원드리치

뒤뜰을 가득 메운 살짝 술기운을 띠기 시작한 친구들을 건사하기란 그다지 인정을 못 받는, 어른의 대단한 기술 중 하나다. 친구들이 술을 좋아하는 부류라면 술 냄새 풍기며 취하게 만드는 건 식은 죽 먹기다. 식전에 제대로 만든 마가리타—양질의 테킬라, 신선한 라임즙, 쿠앵트로로 만든 칵테일—가 세 잔씩 돌면, 여러모로 당신은 손님들을 내팽개치고 알락꼬리여우원숭이 무리를 상대하는 편이 차라리 낫겠다고 느낄 것이다. 손님들을 취기 없이 맹숭맹숭하게 두는 것도 어렵지 않다. 피노 그리지오^{Pinot Grigio}나 가벼운 맥주를 자유롭게 즐기게 하되 넘치게 제공하지 않으면, 시간이 지날수록 어색한 침묵과 은밀한 눈빛이 오가는 게 관찰된다.

 이런 문제를 해결하는 데 20리터 용량의 이글루 아이스박스에 올드 스쿨 펀치를 가득 채워놓는 것보다 효과적인 방법은 우리가 알기로 없다. 아이스박스는 고상함은 떨어질지 몰라도 냉기를 유지하고 파리의 접근을 막아주는데, 올드 스쿨 펀치—진 마티니와 초코티니⁺의 관계처럼 이것은 이름만 그럴싸하게 달고 나눠주는 구정물과 꽤 비슷하다—를 두어 잔 마시고 나면 어디서 따랐는지는 아무도 신경쓰지 않게 된다. 너무 세지도 않고 너무 달지도 않으며 청량감이 풍부하고 천천히 마시도록 상기시키는 정도의 알코올만 느껴진다. 자칫 천천히 마시는 미덕을 간과하더라도 얼음이 녹으면서 서서히 도수가 약해진다는 이점도 있다.

+ 초콜릿 마티니.

찰스 디킨스만의
펀치 만드는 방법

여기에 디킨스가 친구들에게 펀치를 만들어준 방법을 소개한다.
이 방법대로 하면서 만드는 과정에서 당신 식대로 이야기를 들려주는 게 최선이다.

1 단계

파티 세 시간 전, 회전날이 달린 야채 칼로 레몬 3개의 껍질을 각각 하나의 긴 나선이 되도록 깎는다. 레몬 껍질을 2.8 또는 3.8리터 용량의 내염 그릇에 넣고 데메라라 설탕이나 다른 원당 ¾컵[150g]을 추가한다. 껍질과 설탕을 함께 으깨고 그대로 둔다.

2 단계

또한 파티 전에 레몬을 충분히 짜고 걸러 레몬즙 ¾컵[180ml]을 만든다. 즙을 컵에 담아 냉장 보관한다. 계량 피처나 글라스에 VSOP등급 코냑 1컵[240ml]을 부어 한쪽에 둔다.
또 다른 피처나 우묵한 그릇에 마운트 게이 이클립스 또는 앙고스투라1919 같은 달콤한 앰버 럼 1¼컵[300ml]과 스미스 앤드 크로스 같은 펑키하고 도수 높은(알코올 55퍼센트 이상) 자메이카산 럼 1¼컵[300ml]을 넣는다.

3 단계

손님들이 도착하면 소스팬을 강불에 올리고 물 960밀리리터를 끓인다. 모두가 작업 과정을 지켜볼 수 있는 곳에 자리를 잡고 레몬 껍질과 설탕을 담은 그릇을 나무 작업대 또는 내열 표면에 놓는다. 물이 끓으면 냄비를 불에서 내려놓는다. 손님들을 그릇 주위로 불러모으고 코냑과 럼을 붓고, 무엇을 그리고 왜 그릇에 추가하는지 언급한다.
얘기할 요점: 레몬 껍질은 풍부한 레몬 풍미를, 코냑은 바디감을 럼은 향과 인화성을 부여한다.

4 단계

긴 손잡이가 달린 바스푼으로 럼과 코냑 혼합물을 한 스푼 가득 뜬다. 스푼을 몸으로부터 떨어뜨린 채 성냥이나 라이터로 불을 붙인다. 불이 붙은 스푼을 그릇에 도로 넣어 나머지 혼합물에 불을 붙인다. 국자나 긴 손잡이가 달린 스푼으로 저어 설탕을 녹인다. 2~3분 동안 타게 두고 이따금 레몬 껍질 하나를 들어올려 사람들이 껍질을 타고 내리는 불꽃에 감탄하도록 유도한다. 얘기할 요점: 멋있어 보이려고 펀치에 불을 붙이는 게 아니라 알코올에 존재하는 휘발성 강한 요소를 태워버리기 위해서다. 어쨌든 그렇다는 얘기다.

5 단계

쟁반으로 그릇을 덮어 불을 끈 다음 냉장된 레몬즙과 뜨거운 물을 붓고 젓는다.

6 단계

위에 신선한 육두구를 갈아 뿌리고 한 잔 당 90밀리리터씩 국자로 떠 담는다.

12~16인분

대용량 음료와 펀치

바베이도스
펀치
Barbados Punch

~~~~~~~~~~

뜨거운 여름날, 부드러운 올드 럼 한 병과 얼음 그릇, 차가운 코코넛워터가 담긴 피처를 내놓는 것만큼 심신을 청량하게 해주고 수월한 게 또 어디 있을까. 하지만 이런 재료를 조제하는 방법은 또 있다.

2.8리터 용량의 그릇에 **미립당 ⅔컵[150g]**과 **갓 짠 라임즙 180밀리리터**를 넣고 설탕이 녹을 때까지 젓는다. **각얼음**을 그릇의 ¾만큼 채운다. **볼스 쥬니버 럼** 또는 마운트 게이 이클립스 **럼 750밀리리터 1병**, **코코넛워터 2컵[480ml]**, **물 2컵[480ml]**을 넣고 젓는다. 국자로 떠서 글라스에 담는다. 마신다. **약 10인분**

더 비숍
The Bishop

여기 그 깊은 역사만큼 즐거움을 주는 음료가 하나 있다. (디킨스는 이걸 몇 사발 들이켰는데 따뜻하게 해서 마셨다고 한다) 맛을 좀 더 내려면 포트에 코냑 120밀리리터를 추가한다.

오렌지 16~18개를 씻어 정향을 박고 베이킹 접시에 담아 섭씨 180도에서 껍질이 군데군데 보기 좋게 노릇노릇해질 때까지 60~90분간 굽는다. 오븐에서 접시를 꺼내 한쪽에서 식힌다. 소스팬을 중강불에 올려놓고 **루비 포트 750밀리리터 1병과 물 1컵[240ml]**을 넣고 보글보글 끓인다. **설탕 ⅓컵[65g]**, 껍질을 벗겨서 간 싱싱한 생강, 육두구와 올스파이스 갓 간 것을 각각 한 자밤씩 넣는다. 구운 오렌지를 4조각으로 자른다. 오렌지와 그 흘러내린 즙까지 포트 혼합물에 넣고 잘 젓는다. 작은 잔에 따라 낸다. **약 10인분**

해가 짧아지면서 따뜻한 온기를 나누기 위해 다들 옹기종기 모여 있을 때 축제 분위기 나는 음료가 넉넉히 제공된다면 정말 깊이 감사할 일이다. 고마운 나머지 이걸 제공한 사람은 다른 건 전혀 가져오지 않아도 딱히 개의치 않을 듯하다. 그러니까 우리가 하려는 얘기는 바로 펀치가 선물이라는 것이다.

대용량 음료와 펀치

클라레 컵 Claret Cup

맛있는 클라레 컵 한 잔은 볼썽사나운 술판을 벌이지 않아도 오후 시간을 활기차게 해준다.

큰 그릇에 **보르도산 레드 와인 750밀리리터 1병**, **아몬티야도 셰리 120밀리리터**, **마라스키노 리큐어 60밀리리터**, **레몬 1개를 얇게 깎은 껍질**, **미립당 ¼컵[50g]**을 넣고, 1939년 〈에스콰이어〉의 로튼 매컬이 장차 클라레 컵을 제조할 사람들에게 충고했듯이 "재료가 서로 즐겁게 잘 섞이도록 1시간가량 그대로 둔다". 그런 다음 가능한 가장 큰 얼음조각(20쪽 얼음 준비하기 참조)을 넣고 **차가운 소다수 4⅓컵[1L]**를 부으면서 살살 젓고, 원하는 경우 **신선한 민트 잔가지 서너 개**로 장식한다. (싱싱한 오이 껍질을 둥글게 만 것도 나쁘지 않다.) **약 20인분**

대용량 음료와 펀치

더 페이털 볼
The Fatal Bowl

진정한 펀치는 맨해튼처럼 복합적이고 은근히 기운을 북돋우며 양질의 피노 누아처럼 기분 좋은 취기가 돌게 해주는 한편, 맨해튼과 피노 누아보다 알코올 함량은 높아야 한다. 아, 그리고 점잖은 신사들이 하는 것처럼 만약 홍차로 이 칵테일을 만들면 기분 좋게 거친 면이 생긴다.

펀치 파티가 열리기 전날, 2리터 용량의 그릇에 물을 담고 냉동실에서 얼려 얼음 덩어리를 만든다. 또한 파티 전날에 회전날이 달린 야채 칼을 사용하여 **레몬 6개**의 껍질을 벗기고 이 껍질을 960밀리리터 용량의 메이슨자에 넣는다. **초미립 원당 1컵[200g]**을 추가하고 병을 꼭 닫은 다음 잘 흔들어서 밤새 그대로 둔다. 이렇게 하면 설탕에 레몬 오일이 스며든다.

파티 당일, 메이슨자를 열어 **갓 짜서 거른 레몬즙 1컵[240ml]**을 넣고 다시 닫고 설탕이 녹을 때까지 흔든다. 이 내용물이 슈러브shrub, 즉 전통적인 펀치 베이스다. 한편, **물 960밀리리터**를 끓여 불에서 내려놓고 **티백**(잉글리시 브렉퍼스트가 좋다) **4개**를 넣는다. 5분 후 티백을 꺼내고 차를 식힌다.

슈러브와 레몬 껍질을 포함한 모든 재료를 3.8리터 용량의 그릇에 붓는다. 우려낸 차와 **VSOP등급 코냑**이나 아르마냑 **2½컵[600ml]**, 스미스 앤드 크로스 같은 **풀 바디의 펑키한 다크럼 1½컵[360ml]**을 넣는다. 내용물을 잘 젓고 냉장고에서 1시간 정도 식힌다. 낼 때는 얼음덩이를 펀치 그릇에 밀어넣고 위에 **신선한 육두구 가루**를 갈아 뿌린 다음 은제 펀치 국자(이런 것쯤은 하나 가지고 있지 않나?)로 내용물을 담는다. **약 30인분**

대용량 음료와 펀치

스프레드
이글 펀치
Spread Eagle Punch

이 미국 클래식 칵테일(레시피는 세계 최초의 바텐더 안내서로 1862년 제리 토머스가 출간한 《음료 믹스하는 방법How to Mix Drinks》에서 발췌)은 흔히 홀리데이 펀치로 통하는 과일향이 강한 맛없는 음료를 그럴싸한 것으로 만들어준다. 드라이하고 리치하면서 스모키한 향과 레몬향을 둘 다 지닌 이 음료는 위스키의 치유력을 발휘하여, 삼촌에게 어울릴 정도로 남성적이지만 그렇다고 동료들이 선뜻 마시지 않을 정도로 도수가 세진 않다.

파티 48시간 전, 그릇에 물 3.8리터를 담아 얼려 얼음 덩어리를 만든다. 파티 전날, 960밀리리터 용량의 메이슨자, **설탕 1⅓컵[300g]**, 레몬 8개 껍질을 사용하여 올레오 사카럼(23쪽 올레오 사카럼 참조)을 평소 분량의 두 배로 만들어둔다. 파티 당일, **메이슨자에 갓 짜서 거른 레몬즙 1½컵[360ml]**을 넣고 다시 닫은 다음 설탕이 녹을 때까지 흔든다. 메이슨자 내용물을 19리터 용량의 그릇에 붓고 **스모키한 싱글 몰트 스카치위스키**(보모어 레전드가 좋고 가격도 적당하지만 라프로익도 좋다) 750밀리리터 2병과 **스트레이트 라이 위스키**(이 경우 사제락 라이가 특히 좋다) 750밀리리터 2병을 넣는다. 잘 저은 다음 **물 3.8리터**를 추가한다.

낼 때는 얼음 덩어리를 그릇에서 빼서 조심스럽게 내용물이 담긴 그릇으로 밀어넣는다. **얇게 썰어 씨를 뺀 레몬 4개**를 넣고 위에 **신선한 육두구 가루**를 뿌린다. 약 48인분

간단한 요깃거리, 뭐가 있을까?

칵테일과 곁들여 먹기 좋은 안주

간단한 요깃거리, 뭐가 있을까?

생크림과 캐비아를 곁들인 감자칩
Potato Chips with Crème Fraîche and Caviar

뉴욕 시, 베트니의 브라이스 슈먼 셰프

캐비아가 아주 호화로워 보일 수 있지만, 감자칩 덕분에 세련되고 간편한 느낌을 준다. 바삭한 감자칩은 부드러운 생크림과도, 입안에서 언뜻 견과류 맛이 나는 철갑상어알과도 완벽한 대조를 이룬다. 고급스러움과 소박함이 어우러진 이 예술적인 애피타이저는 파티에 흥을 돋우며, 깔끔하고 간단한 음료와 함께 베란다에서 즐기는 늦은 오후 스낵 타임에 내놓아도 즐겁다.

크렘 프래슈(생크림) 230g
소금 한 자밤
라임 웨지
싱싱한 차이브 다진 것 1큰술
질 좋은 감자칩 큰 포장으로 1봉지
페트로시안 차르 임페리얼 캐비아
　Petrossian Tsar Imperial caviar 같은
　철갑상어알이나 송어알 55~115g
　단지 1개

작은 그릇에 생크림, 소금, 라임즙 서너 방울을 넣는다. 내용물이 가벼워지면서 공기를 함유할 때까지 휘젓는다. 내용물을 서빙 그릇에 담고 차이브로 장식한다. 감자칩과 캐비아를 곁들여 낸다. 감자칩은 생크림에 찍어 먹고 캐비아는 좋아하는 양만큼 스푼으로 뜬다. **4인분**

천일염과 로즈마리를 곁들인 아몬드
Almonds with Sea Salt and Rosemary

뉴올리언스, 허브세인트의 도널드 링크 셰프

프레첼, 땅콩 바 등 짭짤한 스낵 하면 누구나 으레 맥주를 떠올리지만, 구운 아몬드로 만든 이 스낵은 고급 올리브 오일과 천일염, 아주 약간의 로즈마리를 곁들여 좀 더 세련되며 칵테일의 미묘한 풍미를 보완해준다.

소금을 치지 않은 생 아몬드 455g
엑스트라 버진 올리브 오일(상급으로) 2작은술
플뢰르드셀 천일염
싱싱한 로즈마리 썬 것 ¼작은술
카옌페퍼 ¼작은술, 또는 간할 용도로 조금 더
셰리 또는 발사믹 식초 1큰술(선택)

오븐을 섭씨 150도로 예열한다.
    구이판에 아몬드를 깔고 달콤한 냄새가 날 때까지 5~10분간 구우며 중간에 한 번 뒤섞는다.
    뜨거울 때 아몬드를 그릇으로 옮겨 담고 올리브 오일, 소금 2작은술, 로즈마리, 카옌페퍼, 식초(사용할 경우)를 넣고 버무린다. 소금으로 간하고 필요에 따라 소금을 더 넣는다. 카옌페퍼도 필요하면 더 넣는다.
8인분

간단한 요깃거리, 뭐가 있을까?

피클과 베이컨을 곁들인 데빌드 에그

Deviled Eggs with Pickles and Bacon

애틀랜타, 레스토랑 유진의 린턴 홉킨스 셰프

데빌드 에그의 크림 같고 풍부한 질감은 칵테일이 가진 날카로운 알코올 느낌을 상쇄시킨다. 훈제한 파프리카와 후추 역시 흥미를 돋운다. 이 재료들은 위스키 칵테일과 멋들어지게 어울리는데, 소박하고 달콤한 스모키한 향을 지녀 데빌드 에그 본연의 특성을 빛내준다. 샴페인 칵테일과 함께 해도 상당히 좋은데 그 발포성이 리치함을 줄여준다.

달걀 6개
프렌치스French's 또는 플로치만스 Plochman's에서 나온 노란 겨자 1작은술
타바스코 소스 2 또는 3대시
양파 간 것 ½큰술
마요네즈 3큰술
거칠게 간 후추 ¼작은술
코셔+ 소금
위에 뿌릴 용도로 구운 파프리카
싱싱한 파슬리 다진 것 1작은술
바삭하게 구워 부순 베이컨 1작은술
브레드 앤드 버터 피클++ 다진 것 1작은술

달걀을 소스팬에 넣고 찬물을 붓는다. 물을 끓이는데 처음에는 살살 저어서 노른자가 가운데에 자리잡도록 한다. 일단 물이 끓으면 10분 동안 삶은 다음, 즉시 달걀을 얼음물에 옮겨 담는다. 달걀이 식으면 껍질을 까서 길게 반으로 자른다. 노른자를 빼서 그릇에 담는다. 흰자는 한쪽에 따로 보관한다. 포크로 노른자를 으깬 다음 겨자, 타바스코 소스, 양파, 마요네즈, 후추, 소금 ¼작은술을 넣고 잘 섞는다. 흰자는 소금으로 간하고 노른자 혼합물을 숟가락으로 퍼 흰자의 빈 부분에 채운다. 파프리카를 가루 내어 뿌린 다음 파슬리와 베이컨, 피클로 장식하여 낸다. 6인분

+ 유대인들의 식품 인증마크.
++ 오이를 소금에 절인 다음 식초, 설탕, 향신료를 끓인 물에 넣고 다시 끓인 것.

파인애플과 키에우바사로 속을 채워 베이컨으로 싼 할라피뇨

Bacon-Wrapped Jalapeños Stuffed with Pineapple and Kielbasa

로스앤젤레스, 멜리스의 조사이어 시트린 셰프

이 할라피뇨 요리는 스모키한 향이 나고 달콤 짭짤하며 뜨거운 음식으로, 알코올 함량이 높은 음료에 펀치 한방을 시원하게 날릴 수 있다. 메스칼과 테킬라가 베이컨의 스모키한 향과 특히 잘 어울린다. 참고: 초대할 사람이 많아 양을 늘릴 경우 베이컨으로 싼 할라피뇨를 그릴에 구워볼 것. 숯 그릴에 불을 피우고 중불 세기가 될 때까지 태운다. 아니면 가스 그릴을 중불로 예열한다. 할라피뇨를 그릴판에 올려놓고 약 20분간 요리하는데 골고루 익고 베이컨의 전면이 바삭하게 구워질 때까지 자주 뒤집어준다.

키에우바사(폴란드 소시지) 1개
완숙 파인애플 긴 조각 2개
할라피뇨 칠리 고추 큰 것 6개, 꼭지를 떼고 씨를 발라내어 통째로 사용
싱싱한 바질 잎 큰 것 6장
긴 베이컨 6장

오븐을 섭씨 230도로 예열한다.

소스팬에 물을 채우고 끓인다. 키에우바사를 넣고 20분간 삶는다. 파인애플을 6조각으로 자르며, 각 조각은 폭 약 12밀리미터, 길이 4센티미터가 되게 한다. 키에우바사가 익으면 할라피뇨 안에 채울 양에 따라 엄지손가락이나 그보다 작은 크기로 6등분한다.

각 할라피뇨에 파인애플과 키에우바사 조각을 넣고 바질 잎으로 싼 다음 베이컨 조각으로 다시 싼다. 단단한 이쑤시개를 할라피뇨에 꽂아 형태를 고정시킨다.

주물팬에 이쑤시개를 꽂은 칠리 고추를 넣고 베이컨의 전면이 노릇노릇해질 때까지 필요에 따라 뒤집으면서 중불에서 튀긴다. 팬을 오븐에 넣고 약 15분 동안 속까지 익고 베이컨이 마저 바삭하게 되도록 굽는다. 뜨겁게 낸다. 8인분

간단한 요깃거리, 뭐가 있을까?

표고버섯 야키토리
Shiitake Mushroom Yakitori

시카고, 다카시의 야기하시 다카시 셰프

고기나 야채를 숯 그릴에 구운 작은 꼬치 요리, 야키토리는 일본인에게 어머니의 손맛을 느낄 수 있는 그리운 요리이자 이자카야의 주요 메뉴다. 생강과 간장, 고춧가루에 절인 버섯은 구수한 맛과 얼얼한 매운맛을 동시에 전달하며 간단히 만든 청량한 칵테일과 기분 좋은 대비를 이룬다. 투케다레 소스는 최대 1주일 전에 미리 만들어 빈틈없이 닫히는 용기에 담아 냉장고에 보관해도 된다.

투 케 다 레 소 스

일본 간장 1컵[240ml]
꿀 ¾컵[340g]
사케 1½큰술
물 1½큰술
참기름 1큰술
껍질을 벗겨 간 싱싱한 생강 1½작은술
 (선택)
고춧가루 ½작은술

표고버섯 30개, 대를 잘라내고 깨끗하게 털어서 준비

숯 그릴에 불을 피우고 중불 세기가 될 때까지 약 20분간 태운다. 또는 가스 그릴을 중불로 예열하거나 그릴 팬을 중불에 올려놓고 달군다.

오목한 그릇에 간장, 꿀, 사케, 물, 참기름, 생강(사용할 경우), 고춧가루를 넣고 휘저어 **투케다레 소스를 만든다.**

소스에 버섯을 넣고 골고루 묻힌 다음 15분 동안 소스가 배어들도록 절인다. 길이 15센티미터 꼬치에 버섯을 네다섯 개씩 꿴다. 버섯 머리 부분을 사선으로 찔러 꽂으면 그릴 또는 팬에 평평하게 눕는다. 꼬치 끝부분을 비워두면 손잡이처럼 잡고 뒤집기 쉽다. 그릴 랙이나 팬에 꼬치를 배열하고 버섯의 전면이 골고루 살짝 그을려 부드러워질 때까지 2분마다 뒤집으며 총 6분간 굽는다. 따뜻하게 또는 실온으로 낸다. **6인분**

훈제 등푸른생선 리예트

Smoked Bluefish Rillettes

보스턴, 드링크의 바버라 린치 셰프

샴페인에 굴요리를 같이 내듯이 훈제 생선은 좀 더 가벼운 칵테일과 궁합이 잘 맞는다. 훈제 과정은 등푸른생선 특유의 비린내를 감소시키고, 염장 기법은 풍부하고 크리미한 맛의 층층을 드러내는 기분 좋은 짠맛을 가미한다. 이 음식은 셰리 베이스의 칵테일 또는 진의 캐러웨이나 로템나무 향을 더할 나위 없이 돋보이게 하며, 이를 통해 생선의 바다 풍미가 발현된다. 하루 전날 양파 절임을 만들거나, 아니면 그 과정은 건너뛰고 얇게 채 썬 샬롯+으로 대체해도 된다.

자색양파 절임

화이트 증류 식초 1½컵[360ml]
설탕 ½컵[100g]
코셔 소금 ⅓컵[65g]
검은 통후추 1큰술
자색양파 1개

리 예 트

훈제 등푸른생선 170그램, 고등어 또는
　송어를 얇게 포를 떠서 준비
생크림 2큰술
갓 짠 레몬즙 2큰술
싱싱한 차이브 다진 것 1큰술
방금 간 후추
코셔 소금

사워도우 빵 12조각
올리브 오일 2큰술
납작한 잎사귀가 달린 싱싱한 파슬리
　잔가지 4개의 잎
셀러리 줄기 4개의 잎
레몬 2개, 웨지로 잘라 준비

양파 절임: 작은 소스팬에 식초와 설탕, 소금, 후추를 넣고 중불에서 끓이면서 소금과 설탕이 녹도록 젓는다. 양파를 가늘게 채 썰어서 뚜껑이 빈틈없이 닫히는 내열 유리 용기에 담는다. 피클액이 끓어오르면 양파에 조심스럽게 붓고 뚜껑을 닫은 다음 밤새 냉장 보관한다.
리예트: 우묵한 그릇에 등푸른생선, 생크림, 레몬즙, 차이브, 후추 ½작은술을 넣고 저어 섞어준다. 소금으로 간한다.
　숯 그릴에 불을 피우거나 가스 그릴을 높은 온도로 예열한다. 그릴 랙에 빵 조각을 늘어놓고 구우며, 잘 구워질 때까지 한 번 뒤집으면서 한 면 당 2분 정도 조리한다. 각각의 빵 조각에 올리브 오일 ½작은술을 뿌린다.
　맛을 보고 소금과 후추로 리예트의 간을 조절한다. 서빙할 그릇에 음식을 옮기고 파슬리와 셀러리 잎으로 장식한다. 구운 빵, 양파 절임, 레몬 웨지와 함께 낸다. **6인분**

+ 양파보다 미묘한 맛이 나는 작은 양파.

찾아보기

ㄱ
걸러내기 17
계량하기 16, 21
공식 26-27
그라파 25
그랑 마르니에
    바티스트 135
    번트 퓨설라지 141
    세인트 밸런타인 186
    아르마냑 칵테일 133
    조지 왕자 135
    진 데이지 185
그린 스위즐 86
글래스고 155
기술 20-23
김렛 58

ㄴ
나이프 15
네그란데 169
네그로니 44
뉴욕 사워 52
니커보커 163

ㄷ
다이커리 48
다크 앤드 스토미 81
단맛 내기 22
달걀
    라모스 피즈 102
    시카고 피즈 147
    에그노그 64-65
    엘크스 클럽 피즈 147

클로버 클럽 78
톰 앤드 제리 120
피스코 사워 101
피클과 베이컨을 곁들인 데빌드 에그 200
더 본 135
더 비숍 191
더 페이털 볼 194
도구 15-18
드램부이
    러스티 네일 109
    매키넌 164
등푸른생선 리예트, 훈제 203
디 아이디얼 칵테일 159
디 오리지널 진 칵테일 169

ㄹ
라모스 피즈 102
라이
    더 본 135
    맨해튼 40-41
    맨해튼 클럽 맨해튼 185
    브레인 더스터 138
    뷰 카레 123
    사제락 112
    샷 24
    스프레드 이글 펀치 196
    앨곤퀸 68
    앨리 캣 132
    엘크스 클럽 피즈 147
    올드 패션드 38-39
    워드 에이트 쿨러 124
    주니어 160
라임

그린 스위즐 86
김렛 58
니커보커 163
다이커리 48
다크 앤드 스토미 81
라모스 피즈 102
마가리타 50
마이타이 94
매키넌 164
모스코 뮬 98
모히토 97
미켈라다 186
바베이도스 펀치 190
브라운 더비 141
세인트 밸런타인 186
싱가포르 슬링 116
에이스 오브 클럽스 131
잭 로즈 93
조지 왕자 135
좀비 128
주니어 160
진 리키 85
카이피리냐 56-57
케이프 코더 145
타이 펀치 119
페구 클럽 101
플로로도라 151
피스코 사워 101
라키 25
러스티 네일 27, 109
럼
    그린 스위즐 86
    니커보커 163
    다이커리 48
    다크 앤드 스토미 81
    더 페이털 볼 194
    럼 앤드 코코넛 워터 171
    럼 올드 패션드 172
    마이타이 94
    매키넌 164
    모히토 97
    몬탈반 168

바베이도스 펀치 190
바티스트 135
밤술 180
브라운 더비 141
샷 25
세인트 밸런타인 186
시카고 피즈 147
에이스 오브 클럽스 129
조지 왕자 135
좀비 128
채텀 아틸러리 펀치 62
케이프 코더 145
클래식 에그노그 65
톰 앤드 제리 120
플로리다 148
핫 버터드 럼 89
허니 비 159
럼 아그리콜 119
레몬
    껍질 깎기 23
    뉴욕 사워 52
    더 페이털 볼 194
    라모스 피즈 102
    매키넌 164
    모닝 미스트 168
    사이드카 115
    스프레드 이글 펀치 196
    슬로 진 피즈 179
    시카고 피즈 147
    애비에이션 71
    엘크스 클럽 피즈 147
    올레오 사카럼 23
    워드 에이트 쿨러 124
    위스키 레모네이드 187
    위스키 사워 52
    진 데이지 185
    채텀 아틸러리 펀치 62
    클로버 클럽 78
    톰 콜린스 46
    프렌치 75 82
    허니 비 159
레몬 소르베

찾아보기

스그로피노 175
렘젠 쿨러 105
롭 로이 106

ㅁ

마가리타 26, 50
마데이라
  셰리 에그노그 65
마라스키노 리큐어
  애비에이션 69, 71
  클라레 컵 193
마오타이 25
마이타이 94
마티니 27, 42
매키넌 164
맥주
  미켈라다 186
맨해튼 40-41
  공식 26
  맨해튼 클럽 맨해튼 185
  테킬라 맨해튼 66
메스칼
  미켈라다 186
  샷 25
메트로폴 167
모닝 미스트 168
모스코 뮬 98
모히토 97
몬탈반 168
미켈라다 186
민트 줄렙 54-55

ㅂ

바베이도스 펀치 190
바텐더 66
바티스트 135
밤술 180-81
버번

더 본 135
민트 줄렙 54-55
볼바르디에 74
브레인 더스터 138
샷 24
올드 패션드 38-39
채팀 아틸러리 펀치 62
버섯 야키토리, 표고 202
번트 퓨설라지 141
베네딕틴
  집시 157
  주니어 160
베르무트
  글래스고 155
  네그란데 169
  네그로니 44
  디 아이디얼 칵테일 159
  롭 로이 106
  마티니 42
  맨해튼 40-41
  맨해튼 클럽 맨해튼 185
  메트로폴 167
  번트 퓨설라지 141
  보든 체이스 137
  볼바르디에 74
  브레인 더스터 138
  뷰 카레 123
  샌 마틴 172
  아메리카노 132
  앨곤퀸 68
  클로버 클럽 78
  포이츠 드림 171
베스퍼 123
베이컨
  파인애플과 키에우바사로 속을 채워 베이컨으로 싼 할라피뇨 201
  피클과 베이컨을 곁들인 데빌드 에그 200
베헤로브카 24

벨벳 팔레어넘
  그린 스위즐 86
보드카
  모닝 미스트 168
  모스코 뮬 98
  베스퍼 123
  블러디 메리 72
  블루 먼데이 98
  샷 25
  스그로피노 175
  집시 157
  케이프 코더 145
  화이트 러시안 126
보든 체이스 137
불바르드에 74
브라운 더비 141
브랜디(아르마냑, 코냑, 피스코 참조)
  브랜디 알렉산더 74
  브랜디 크러스타 77
  톰 앤드 제리 120
브레인 더스터 138
블러디 메리 72
블루 먼데이 98
뷰 카레 123

ㅅ
사워
  공식 26
  뉴욕 사워 52
  위스키 사워 52
  피스코 사워 101
사이드카 26, 115
사제락 112
샌 마틴 172
샴페인
  채텀 아틸러리 펀치 62
  프렌치 75, 82
샷 24-25
설탕 19
세인트 밸런타인 186
셰리

몬탈반 168
셰리 에그노그 65
셰리 코블러 176
클라레 컵 193
클로스 콜 147
스그로피노 175
스카치
  글래스고 155
  러스티 네일 109
  롭 로이 106
  밤술 181
  보든 체이스 137
  스프레드 이글 펀치 196
  핫 토디 60
스터 18, 22
스팅어 27, 182
스프레드 이글 펀치 196
슬로 진
  슬로 진 피즈 179
  싱가포르 슬링 116
시카고 피즈 147
심플 시럽 22
싱가포르 슬링 116

ㅇ
아르마냑
  더 페이털 볼 194
  메트로폴 167
  아르마냑 칵테일 133
  채텀 아틸러리 펀치 62
아메리카노 132
아몬드, 천일염과 로즈마리를 곁들인 199
아베르나 25
아이리시 위스키
  밤술 181
  샷 24
  아이리시 커피 90
  위스키 레모네이드 187
아쿠아비트 25
압생트
  그린 스위즐 86

찾아보기

글래스고 155
브레인 더스터 138
사제락 112
애비에이션 71
애플잭
   잭 로즈 93
앨곤퀸 68
앨리 캣 132
야키토리, 표고버섯 202
양파, 자색양파 피클 203
얼음 16, 20
에이스 오브 클럽스 131
엘크스 클럽 피즈 147
예네베르
   디 오리지널 진 칵테일 169
   샷 25
오렌지즙
   더 비숍 191
   워드 에이트 쿨러 124
   플로리다 148
올드 패션드 38-39
   공식 26
   럼 올드 패션드 172
올레오 사카럼 23
와인(개별 와인 참조)
   뉴욕 사워 52
   에그노그 64-65
   클라레 컵 193
워드 에이트 쿨러 124
위스키(라이, 버번, 스카치, 아이리시 위스키, 캐나다산 위스키, 화이트 도그 참조)
   뉴욕 사워 52
   위스키 레모네이드 187
   위스키 사워 52
육두구 19
으깨기 17, 21
음주
   기술 12-14
   단계 31-33
   음주인 성명서 110-11

ㅈ
자몽즙
   디 아이디얼 칵테일 159
   플로리다 148
잔
   따뜻하게 하기 21
   차게 하기 21
   테두리 프로스팅 입히기 21
잭 로즈 93
저도수 음료 37
젊은 음주인, 충고 29-30
조지 왕자 135
좀비 128
주니어 160
즙 내기 16
지거 16, 21
진
   그린 스위즐 86
   김렛 58
   네그란데 169
   네그로니 44
   디 아이디얼 칵테일 159
   디 오리지널 진 칵테일 169
   라모스 피즈 102
   렘젠 쿨러 105
   마티니 42
   베스퍼 123
   샌 마틴 172
   싱가포르 슬링 116
   애비에이션 71
   진 데이지 185
   진 리키 85
   클로버 클럽 78
   톰 콜린스 46
   페구 클럽 101

포이즈 드림 171
프렌치 75, 82
플로로도라 151
진저 비어
   다크 앤드 스토미 81
   모스코 뮬 98
진저에일
   플로로도라 151
집시 157

ㅊ
채텀 아틸러리 펀치 62
체리 19
체리 히어링
   싱가포르 슬링 116
   클로스 콜 147

ㅋ
카샤사
   카이피리냐 56-57
카엔페퍼 19
카이피리냐 56-57
카페 칵테일 142
칼루아
   화이트 러시안 126
캄파리
   네그로니 44
   불바르디에 74
   아메리카노 132
캐나다산 위스키
   불바르디에 74
캐비아, 샤크림을 곁들인 감자칩 196
커피
   아이리시 커피 90
   카페 칵테일 142
케이프 코더 145
코냑
   더 페이털 볼 194
   메트로폴 167
   밤술 180-181
   번트 퓨설라지 141
   브랜디 크러스타 77

뷰 카레 123
사이드카 115
스팅어 182
채텀 아틸러리 펀치 62
카페 칵테일 142
클래식 에그노그 65
프렌치 75, 82
플로리다 148
코코넛 워터
   럼 앤드 코코넛 워터 171
   바베이도스 펀치 190
코키 아메리카노
   베스퍼 123
쿠앵트로
   마가리타 50
   블루 먼데이 98
   사이드카 115
퀴라소
   니커보커 163
   마이타이 94
   브랜디 크러스타 77
   블루 먼데이 98
   아르마냑 칵테일 133
   페구 클럽 101
크랜베리 주스
   케이프 코더 145
크렘 드 망트
   스팅어 182
크렘 드 카카오
   브랜디 알렉산더 74
   에이스 오브 클럽스 131
   카페 칵테일 142
클라레 컵 193

ㅌ
타이 펀치 119
테킬라
   마가리타 50
   샷 25
   클로스 콜 147
   테킬라 맨해튼 66
토닉 앤드 비터스 34

찾아보기

토디
  공식 27
  핫 토디 60
토마토주스
  블러디 메리 72
톰 앤드 제리 120
톰 콜린스 46
투케다레 소스 202
트위스트 23

ㅍ

파인애플
  앨곤퀸 68
  좀비 128
  파인애플과 키에우바사로 속을 채워 베이컨으로 싼 할라피뇨 201
퍼펙트 맨해튼 41
펀치
  공식 27
  더 비숍 191
  더 페이틀 볼 194
  도구 17, 188
  바베이도스 펀치 190
  스프레드 이글 펀치 196
  위스키 레모네이드 187
  진 데이지 185
  찰스 디킨스만의 방법 189
  채텀 아틸러리 펀치 62
  클라레 컵 193
  타이 펀치 119
페구 클럽 101
페르넷 25
포이츠 드림 171
  생크림과 캐비아를 곁들인 감자칩 198
포트
  더 비숍 191
  밤술 181
  세인트 밸런타인 186

시카고 피즈 147
  앨리 캣 132
표고버섯 야키토리 202
프렌치 75, 82
플로로도라 151
플로리다 148
피스코
  샷 25
  피스코 사워 101
피클, 자색양파 203
피클과 베이컨을 곁들인 데빌드 에그 200

ㅎ

할라피뇨, 파인애플과 키에우바사로 속을 채워 베이컨으로 싼 201
핫 버터드 럼 89
핫 토디 60
허니 비 159
홍차
  더 페이틀 볼 194
화이트 도그 24
화이트 러시안 126
훈제 등푸른생선 리예트 203
흔들기 18, 22

옮긴이 **정지호**

한국외대에서 일본어와 영어를 전공하고 성균관대 번역대학원에서 문학(번역학) 석사 학위를 받았다. 대학을 졸업하고 영상 및 기술 등 다양한 분야에서 번역일을 하며 경험을 쌓았다. 현재는 책이 좋아 출판 번역의 길로 들어섰다. 옮긴 책으로는 《부두에서 일하며 사색하며》《변화를 바라보며》《우리 시대를 살아가며》《한 걸음의 법칙》《영혼의 연금술》《인가의 조건》《마음대로 고르세요》《하이라인 스토리》《맥주의 모든 것》《집중의 힘》《이탈리아 할머니와 함께 요리를》 등이 있다.

칵테일의 모든 것

첫판 1쇄 펴낸날 2018년 4월 12일
　　3쇄 펴낸날 2021년 10월 11일

저자　데이비드 그레인저, 로스 매캐먼, 데이비드 원드리치
옮긴이　정지호　감수　주영준

발행인　김혜경
편집인　김수진
책임편집　김교석
편집기획　조한나 이지은 유승연 임지원 곽세라
디자인　한승연 성윤정
경영지원국　안정숙
마케팅　문창운
회계　임옥희 양여진 김주연

펴낸곳　(주)도서출판 푸른숲
출판등록　2003년 12월 17일 제 2003-000032호
주소　경기도 파주시 심학산로 10 3층, 우편번호 10881
전화　031)955-9005(마케팅부), 031)955-9010(편집부)
팩스　031)955-9015(마케팅부), 031)955-9017(편집부)
홈페이지　www.prunsoop.co.kr
페이스북　www.facebook.com/prunsoop　인스타그램　@prunsoop

ⓒ푸른숲, 2018
ISBN 979-11-5675-7450 (13590)

* 잘못된 책은 구입하신 서점에서 바꾸어 드립니다.
* 본서의 반품 기한은 2026년 10월 30일까지입니다.